Reise durch

USEDOM

Bilder von
Hans Zaglitsch

Texte von
Linda O'Bryan und Hans Zaglitsch

Stürtz

Rialto

Rialto
Rialto

Erste Seite:
Es gibt wohl kaum ein anderes Motiv, das so schnell mit der Ostsee in Verbindung gebracht wird: der Strandkorb, der zum Beispiel in der Heringsdorfer Manufaktur Korbwerk noch immer hergestellt wird.

Vorherige Seite:
Die Seebrücke in Heringsdorf wurde in erster Linie als Anlegestelle für Fahrgastschiffe erbaut. Ein Restaurant mit gemütlicher Terrasse ist hier aber ebenso zu finden wie Geschäfte am Beginn der Brücke. Und einmal im Jahr dient sie auch als Laufsteg für die Modebranche.

Unten:
Einfach, aber zweckmäßig: die aus Getränkekisten bestehende Möblierung eines Imbissschiffes für Fischbrötchen im Stadthafen von Peenemünde.

Seite 10/11: *Das Seebad Ahlbeck mit seiner historischen Seebrücke, die eine der ältesten in Deutschland ist, gehört zu den schönsten Badeorten auf Usedom und an der deutschen Ostseeküste.*

Inhalt

BD73

Usedom – die Sonneninsel

Vielerorts auf Usedom noch zu finden: reetgedeckte Häuser, wie diese im Ortsbild von Benz.

Mit rund 1900 Sonnenstunden pro Jahr wird Usedom mit Recht als Sonneninsel bezeichnet. Die Einheimischen behaupten sogar, dass ihre Insel die sonnenreichste Region Deutschlands ist. Natürlich hält sich die Natur nicht immer an diese Statistik, ebenso wenig wie an die Angaben über die jährlichen Niederschlagsmengen und sommerlichen Temperaturen, die aufgrund einer leichten Brise stets erträglich sind. Doch wird Usedom wie kaum ein anderer Landesteil vom Klima positiv verwöhnt. Zum milden Wetter gesellen sich kilometerlange, feinsandige Strände, romantische Ecken und reizvolle Landschaften, die bereits den deutsch-amerikanischen Maler, Grafiker und Mitglied der Berliner Secession Lyonel Feininger (1871–1956) ebenso inspirierten wie seinen deutschen Kollegen Otto Niemeyer-Holstein (1896–1984), dessen ehemaliges Atelier samt Wohnhaus in Lüttenort nahe Koserow heute als Museum mit Galerie für die Öffentlichkeit zugänglich ist.
Usedom hält alles für einen abwechslungsreichen und erholsamen Urlaub parat und ist nach Rügen und Sylt die beliebteste Ferieninsel im Bundesgebiet. Auch ausländische Touristen entdecken schon seit langem das Eiland in der Ostsee, das oft nur einen Steinwurf vom Festland Mecklenburg-Vorpommerns entfernt liegt. Die Wolgaster Brücke und die Peenebrücke bei Zecherin halten Usedom wie zwei Klammern am Festland fest. Die Anreise ist deshalb mit dem Auto oder mit der Bahn leicht möglich. Ab Berlin sind es knapp drei Autostunden. Schneller geht es mit dem Flugzeug. Während der Sommermonate wird der Usedomer Flughafen bei Garz von einigen deutschen Großstädten angeflogen.
Egal wie sich die Anreise gestaltet: Die touristische Infrastruktur Usedoms lässt kaum Wünsche offen. Die Seele einfach mal baumeln lassen, ausspannen an den Sandstränden, mit dem Rad die Insel erkunden, kurz über die Grenze in den polnischen Teil radeln oder einfach nur die Sonne in einem Strandkorb genießen. Oder

in den Kaiserbädern Ahlbeck, Heringsdorf und Bansin und im Seebad Zinnowitz auf den Promenaden, Seebrücken und entlang prächtiger Villen spazieren, die im 19. und 20. Jahrhundert entstanden sind. Wem das Strandleben oder das Treiben in den touristischen Hochburgen zu turbulent ist, der kann sich ins ruhige Binnenland zurückziehen. Dort warten Naturschutzgebiete mit einem guten Wegenetz auf Wanderer und Radler sowie kleinere Strände und Häfen an den Seen auf Wassersportler.

Deutschlands zweitgrößtes Eiland

Usedom erstreckt sich in der südlichen Pommerschen Bucht und ist vom Festland Mecklenburg-Vorpommerns durch die Peene, das Stettiner Haff und die Swine, der Grenzfluss zu Polen, getrennt. Die Gesamtfläche liegt bei rund 445 Quadratkilometern. Etwa ein Sechstel davon liegt in Polen, der Rest in Deutschland. Bei der Einwohnerzahl verhält es sich andersherum: von den rund 76 000 Einwohnern lebt deutlich weniger als die Hälfte auf deutscher Seite, und circa 45 000 in Polen. Obwohl Usedom die zweitgrößte Insel Deutschlands ist, kann sie nicht gerade mit schwindelerregenden Ausdehnungen aufwarten. Die längste Nord-Süd-Ausdehnung beträgt etwa 66 Kilometer und an der breitesten Stelle misst das Eiland circa 23 Kilometer. An der Usedomer „Wespentaille“ bei Koserow misst die Insel nur noch 300 Meter. Der schmale Landstreifen wurde mehrmals durch Sturmfluten schwer getroffen und 1874 erstmals durchbrochen. Nach dem „Land unter“ für die gesamte Region, konnte der Durchbruch schließlich geschlossen und der Streifen mit einem Damm befestigt werden.
Trotz der geringen Inseloberfläche überrascht Usedom mit unterschiedlichen Landschaftsformen auf engstem Raum. Naturliebhaber kommen denn auch voll auf ihre Kosten. Die Natur ist vielfältig, oft unberührt und steckt voller Überraschungen. Der Nordosten und der Nordwesten sind weitgehend flach wie eine Flunder. Der Süden wird von einer sanften Hügellandschaft dominiert, in der sich kleinere Flach- und Moorseen ausbreiten. Bei Koserow beherrschen eine Steilküste und bewaldete Dünen die Landschaft. An der größtenteils von Kiefern bestandenen Küste trifft man vereinzelt auch noch Eichen- und Buchenbestände an. Das Binnenland dominieren Flachseen, Niedermoore, Salzwiesen und Agrarflächen auf den Halbinseln Wolgaster Ort, Gnitz und im Lieper Winkel.
Usedom und ein Teil des Festlandes sind als zusammenhängender Naturpark ausgewiesen mit einzelnen Naturschutzgebieten innerhalb dieser Schutzzone. Etwa ein Viertel davon sind

Flach-, Kessel- und küstennahe Strandseen. Darunter ist vor allem der sechs Hektar große Mümmelkensee zwischen dem Ostseestrand und dem Schmollensee als völlig unberührtes Hochmoor etwas ganz besonderes. Das erste Naturschutzgebiet, der Peenemünder Haken, wurde bereits 1925 ins Leben gerufen. Danach kamen Kriege, der Wiederaufbau und die Zeit der DDR, unter deren Herrschaft viele Gebiete in den 1960er-Jahren hinzugefügt wurden. Etwa der kleine Wockninsee, der sich im Wald bei Ückeritz versteckt, und die Inseln Werder und Böhmke im Balmer See, die eines der besten Rückzugsgebiete für Vögel auf der Insel sind. Das größte Naturschutzgebiet auf Usedom ist der Gothensee, der zusammen mit dem angrenzenden Niedermoorgebiet Thurbruch rund 800 Hektar umfasst. Ein beliebtes und lohnenswertes Ziel für Wanderer ist der unter Naturschutz stehende, 58 Meter hohe Streckelsberg bei Koserow. Mehrere Aussichtspunkte nahe dem Klippenrand bieten nämlich einmalige Ausblicke auf die Steilküste beidseitig von Koserow. Höchster Punkt der Insel ist allerdings der 69 Meter hohe Golm, der ebenfalls unter Schutz steht. In den 1990er-Jahren kamen noch Naturgebiete auf den Halbinseln Gnitz und Cosim hinzu sowie der Balmer See. Schließlich wurden noch der verlandete Zerninsee an der polnischen Grenze, das Mellenthiner Os und der kleine Krebssee der Liste der geschützten Gebiete beigefügt.

Der Schutz als Naturpark hat natürlich positiven Einfluss auf die Fauna. So genießen neben Fischotter, Insekten und Reptilien auch viele Vogelarten die stillen Landschaften Usedoms. 280 Arten wurden bislang beobachtet. Die Hälfte davon ist heimisch und brütet regelmäßig auf der Insel, zum Beispiel Seeadler, Kraniche oder Graureiher. Während des jährlichen Vogelzuges gesellen sich Störche, Enten, Schnepfen und nordische Gänse hinzu. Zur Vogelbeobachtung ist man auf Usedom auf jeden Fall an der richtigen Adresse.

Powerbeere Sanddorn

Im Spätsommer wird Usedom mit orangen Farbtupfern überzogen. Es sind die leuchtenden Früchte des Sanddorns, der Nutzpflanze auf der Insel schlechthin. Mal zu einem Fruchtsaft gepresst, mal als Wein oder Likör im Laden angeboten, mal als aromatische Zutat in Kräuter- und Früchtetees verarbeitet. Marmeladen, Aufstriche, Öle, in der Kosmetik und wegen des hohen Vitamin-C-Gehaltes auch in der Medizin – die Liste der Verwendung und Produkte ist immens lang. Die DDR war einer der Vorreiter im Anbau des Sanddorns in Europa. Ab Anfang der 1960er-Jahre wurde wegen des

Der feine Sandstrand von Zinnowitz ist nur ein kleiner Teil des 42 Kilometer langen und bis zu 40 Meter breiten Ostseestrandes von Usedom, der sich von Peenemünde im Norden bis ins polnische Swinemünde im Süden erstreckt.

Vitamin-C-Gehaltes ein Förderprogramm für die Volksgesundheit in der DDR ins Leben gerufen. Anbauflächen wurden ausgewiesen, Plantagen angelegt und nach und nach vergrößerten sich die Flächen in Ostdeutschland. Nach der Wende führte der Sanddorn eher ein Schattendasein. Erst nach der Jahrtausendwende kam ein neuer Aufschwung. Heute liegt die Anbaufläche im Bundesgebiet bei etwa 750 Hektar, von denen sich ein kleiner Teil auf Usedom befindet. Der kalkhaltige Sandboden eignet sich hervorragend für den Anbau, die Pflanze ist gegenüber Salz und Wind widerstandsfähig. In den Gärten findet der Sanddorn Verwendung als Zierpflanze. Erntezeit ist August und September, doch werden auf Usedom vielerorts Sanddorn-Produkte das ganze Jahr hindurch angeboten.

Im kulinarischen Bereich beherrscht die pommersche, gutbürgerliche Landküche die Speisekarten der Inselrestaurants. Deftige Hausmannskost wechselt sich ab mit feinen Fischgerichten. Zander aus dem Stettiner Haff, Aale, Barsch und Dorsch, mal mit Specksoße, mal mit Senf-Sahne-Soße, sind gebraten, gebacken oder gedünstet auf den Menükarten zu finden. Fisch kann sowieso als „Grundnahrungsmittel" auf der Insel betrachtet werden. Im Mittelpunkt steht dabei der Hering. Jedes Frühjahr wird mit den Heringswochen gezeigt, welch feine Gerichte aus dem Fisch gezaubert werden können. Für den kleinen Hunger zwischendurch eignen sich die Fischbuden, die Bratheringe, Herings- und Lachsbrötchen oder geräucherte Fische anbieten.

Mal slawisch, mal schwedisch, mal preußisch

Slawen, Schweden und Preußen betraten nacheinander die Insel. Aus dem slawischen entstammt übrigens der Inselname: „Uznoimia civitas" aus dem 12. Jahrhundert wurde in den Folgejahrzehnten mehrmals abgewandelt bis der Name schließlich 1425 als „Usedum" erstmals schriftlich in einer Urkunde erschien. Aber schon lange bevor der slawische Name auftauchte, war die Insel besiedelt. Großstein- und Hügelgräber sowie archäologische Funde, die bei der Freilegung von einigen Siedlungen auf der Halbinsel Gnitz und im Lieper Winkel zum Vorschein kamen und die bis ins Mesolithikum (Jungsteinzeit) zurückführen, bezeugen die ersten menschlichen Spuren. Aus späteren Zeitspannen belegen dies aufgeschüttete Burgwalle und simple Befestigungsanlagen. Von den Gräbern ist übrigens nur ein Großsteingrab bei dem Dorf Lütow auf der Halbinsel Gnitz vollständig erhalten geblieben.

Während der ersten großen Völkerwanderung ab 150 n. Chr. verließen germanische Stämme, die seit 750 v. Chr. die Insel besiedelten, den Raum. Danach wurde Usedom immer dünner besiedelt und blieb lange Zeit fast menschenleer. Ab dem 7. Jahrhundert strömten nach und nach Slawen (Wenden) auf das Eiland. Sie übernahmen die Inselherrschaft und errichteten eine Siedlung beim heutigen Städtchen Usedom samt Burg, die in der Überlieferung den Namen Urbs Osna hatte. Gegen Ende des 8. Jahrhunderts drangen die Franken immer weiter in den Ostseeraum vor und unterwarfen die Liutizen, einen Verbund von nordwestslawischen Stämmen. Gegen Ende des 10. Jahrhunderts gewannen die Liutizen wieder die Oberhand im Ostseeraum und belebten ihre Burgsiedlung neu. Nach der Zerstörung der slawischen Burg durch die Dänen zwischen 1115 und 1119 wurde die Befestigung etwa Mitte des 12. Jahrhunderts wieder aufgebaut. Aus der Burgsiedlung entwickelte sich schließlich ein Marktort, der bis Mitte des 13. Jahrhunderts eine der Residenzen der Herzöge von Pommern war. 1124 unternahm Bischof Otto vom Bamberg seine erste Missionsreise nach Pommern. Im gleichen Jahr verlieh der deutsche Kaiser Heinrich V. dem Slawenfürsten Wartislaw I. den Herzogstitel von Pommern. Vier Jahre später, bei einer Zusammenkunft westpommerscher Stammesfürsten auf dem Schlossberg von Usedom, wurde im Beisein des Bamberger Bischofs der christliche Glaube angenommen. Die Missionsreisen 1124 und 1128 brachten ihre Früchte; es folgte nun langsam die Christianisierung der Inselbevölkerung. Im 13. Jahrhundert kamen nach jahrzehntelangen Kriegen zwischen Slawen und Dänen die ersten deutschen Siedler auf die Insel. Aus der slawischen Burgsiedlung wurde das deutsche Usedom, das 1298 das Stadtrecht erhielt. Nach dem Dreißigjährigen Krieg fiel die Insel unter die Herrschaft der Schweden. Ab Mitte des 17. Jahrhunderts bis etwa 1720 kam es zu vielen Kriegen zwischen Schweden und Preußen. 1721 fiel die Insel endgültig an die Preußen. Unter preußischer Herrschaft wurden der Wirtschaft neue Impulse eingehaucht. Vor allem der Ausbau der Schifffahrtswege in der ersten Hälfte des 18. Jahrhunderts beförderte

Die Radwege auf Usedom sind im Allgemeinen sehr gut angelegt, meistens asphaltiert und baulich von der Fahrbahn getrennt, oder sie verlaufen, wie hier bei Zempin, quer durch den Wald.

das Wachstum. Durch Verwaltungsreformen der Preußen 1818 wurden die Inseln Usedom und das heutige polnische Wollin zu einem Landkreis zusammengefügt. Swinemünde wurde zur Kreisstadt auserkoren.

Backstein, Bauboom, Bäderarchitektur

Im Seebad Swinemünde eröffnete man 1824 die erste Badesaison auf Usedom. Ein Jahr später folgte Heringsdorf, das gerade mal fünf Jahre davor von Georg Bernhard von Bülow als kleiner Fischerort gegründet wurde. Bülow war auch die treibende Kraft in der touristischen Entwicklung des Ortes. Ein Gästehaus an der Promenade und das Weiße Schloss, heute eine Nobelherberge mit feinem Restaurant, dienten als Unterkunft für die ersten Badegäste. Ab Mitte des 19. Jahrhunderts blühte die Insel so richtig auf. Stets mehr und mehr Tagestouristen, Wochenendurlauber und Sommergäste fanden den Weg auf das Eiland. 1871 wurde von den Berliner Bankiersbrüdern Delbrück die Aktiengesellschaft Heringsdorf ins Leben gerufen. Mit dem Geld der Investoren konnten die Delbrücks den Badeort zu einem Seebad ausbauen lassen. Davon profitierten auch die Nachbarorte Ahlbeck und Bansin. Immer mehr Wohlhabende, Adelige und Blaublütige zog es nach Usedom. Heringsdorf wurde zum Treffpunkt für alle, die Rang und Namen hatten. Und mit ihnen kam auch ein neuer Architekturstil nach Usedom: die mondäne Bäderarchitektur. Vor allem unter den reichen Berlinern war die Ostseeküste und insbesondere Usedom äußerst beliebt. Wer dabei sein wollte, ließ sich eine Villa auf der Insel bauen, und wer es sich leisten konnte, ließ sein Domizil direkt an der Promenade errichten. Geld spielte keine Rolle, der Bau musste den des Nachbarn übertreffen. Prunk und Pracht war eher die Regel als die Ausnahme und zeugte vom luxuriösen Lebensstil der Besitzer. Der Bauboom kannte kaum Grenzen. Die unterschiedlichsten Stilelemente aller Epochen erzählen noch heute vom damaligen Geschmack, aber auch vom Reichtum der Besitzer. So entstand eine Sammlung an Villen und herrschaftlichen Häusern, die keine architektonische Einheit bilden, auch keinen Zusammenhang erkennen lassen und doch wurde das

VILLA CHRISSI

Ein schönes Beispiel der sogenannten Bäderarchitektur in den Kaiserbädern: die restaurierte Villa Chrissi in Ahlbeck, die mit ihren Säulen, Balkonen und filigranen Schmuckelementen einem Kunstwerk gleicht.

Ensemble unter dem Namen „Bäderarchitektur" auf einen gemeinsamen Nenner gebracht. Viele Gebäude haben den Lauf der Zeit sehr gut überstanden, wurden aufwendig und liebevoll renoviert und dienen heute als Unterkünfte: Von der schlichten Ferienwohnung bis hin zum Nobelhotel ist in den altehrwürdigen Gebäuden alles zu finden.

Im Bauboom der Seebäder ging der Backstein regelrecht unter, obwohl er wegen des geringen Vorkommens an Natursteinen das Baumaterial im Norden und Osten Deutschlands schlechthin war. Vor allem in den touristischen Hochburgen sind Backsteinbauten kaum noch vorhanden. Kirchen, vereinzelt auch Bahnhöfe und Wohnhäuser zeugen noch von seinem Bestehen. Für prächtige Bauten muss man die Insel verlassen. Kirchen, Klöster, Stadttore, Rats- und Bürgerhäuser wurden auf dem Festland fast vollständig aus Backstein errichtet. Während der Kriege gingen zwar viele Bauwerke verloren, doch hat man auch einige nach originalen Vorlagen wieder mühevoll aufgebaut. Schöne Beispiele der Backsteingotik findet man in Greifswald mit dem Dom, in Wolgast mit der Sankt-Petri-Kirche und in Anklam mit der Marienkirche, die zu den schönsten Exemplaren im Osten Deutschlands zählt. Viele der Backsteinbauten stehen mittlerweile unter Denkmalschutz und zählen zur grenzüberschreitenden Europäischen Route der Backsteingotik, die sich über 1500 Kilometer durch Polen, Norddeutschland und Dänemark zieht. Gleichzeitig mit dem Bauboom und dem Bädertourismus trat auch der Strandkorb seinen Siegeszug an der Ostseeküste an. Das wuchtige Mobiliar entwickelte sich schließlich zum Kulturgut und ist heute kaum noch von den Stränden an der Ost- und Nordsee wegzudenken.

Usedom im 20. und 21. Jahrhundert

Mitte der 1870er-Jahre wurde mit dem Bau der Bahnstrecke Berlin–Swinemünde begonnen, die man wenige Jahre später feierlich eröffnete. Durch die Anbindung an das landesweite Schienennetz erlebte Usedom einen enormen Aufschwung im Bädertourismus. Swinemünde entwickelte sich sogar zum größten Seebad Deutschlands. In den Folgejahren profitierten auch die Nachbarorte Ahlbeck, Heringsdorf und Bansin enorm von der Eisenbahnverbindung. Unterkünfte schossen wie Pilze aus dem Boden. Die Bebauung dehnte sich permanent Richtung Norden aus. Koserow, Zinnowitz und Karlshagen entwickelten sich ebenfalls zu großen Seebädern. Gegen Ende des 19. Jahrhunderts wurden die Strandbäder Ahlbeck, Heringsdorf und Bansin mit einer zwölf Kilometer langen Promenade verbunden. Anfang der 1920er-Jahre gab es eine Veränderung in der Badekultur an den Küsten. Durften die Gäste das Strandleben bis dahin nur eingeschränkt und das Baden nur in Badeanstalten und Badekarren genießen, kam mit der Freibadeerlaubnis die langersehnte Genehmigung, sich in Badekleidung auch am Strand zu zeigen, im Strandkorb zu liegen oder einfach nur entlang der Küstenlinie zu spazieren.

Ab Mitte der 1930er-Jahre bis Mitte der 1940er-Jahre lagen über Usedom die dunklen Schatten des Zweiten Weltkrieges. Eine Hauptrolle spielte dabei der Inselnorden, der zum militärischen Sperrgebiet erklärt wurde. 1936 begannen die Nationalsozialisten in der Nordhälfte Usedoms mit dem Bau der Heeresversuchsanstalt Peenemünde zur Entwicklung ferngelenkter Raketen unter dem Wissenschaftler Wernher von Braun. Dörfer wurden zur Gänze abgerissen, Menschen umgesiedelt, drei Häfen, ein Schienen- und Straßennetz angelegt. Mit dem Bau eines Kraftwerkes wurde die Energieversorgung sichergestellt, ein Sauerstoffwerk lieferte den Antrieb für die Raketen und in großen Montagehallen wurden die Einzelteile zu einer einsatzfähigen Rakete zusammengebaut. Getestet wurde an der nahegelegenen Küste. In den Folgejahren wurde die Anlage stets erweitert, was bei den Alliierten nicht unbemerkt blieb. Mit der Operation Hydra durch die Briten wurde das Schicksal der Anlage letztendlich besiegelt: Im August 1943 kam es zum ersten großen Luftangriff. Zwei Jahre später war das Gelände komplett geräumt. Die Sowjets übernahmen danach die Fläche und übergaben sie 1952 der Nationalen Volksarmee der DDR, die sie als Marinestützpunkt nutzte. Bis zum Fall der Mauer war der gesamte Nordwestzipfel Usedoms militärisches Sperrgebiet. Noch heute sind viele Teile des Geländes für die Öffentlichkeit gesperrt.

Gegen Ende des Zweiten Weltkrieges erfolgten mehrere Bombenangriffe auf die Insel. Im Mai 1945 marschierte die Rote Armee auf Usedom ein und die Oder wurde zum polnisch-deutschen Grenzfluss erklärt. 1953 enteignete die SED die Hotelbesitzer auf Usedom und nahm die Unterkünfte in Staatsbesitz oder fügte sie in den Feriendienst der Deutschen Gewerkschaft ein, der größtenteils den Sommerurlaub

Das altehrwürdige Wasserschloss Mellenthin aus dem Jahre 1575 markiert den geografischen Mittelpunkt Usedoms. Das Wort „Mellenthin“ kommt aus dem Slawischen und bedeutet Mittelpunkt.

der Arbeiter regelte. Mit dem Mauerbau 1961 wurde die Ostseeküste Grenze zwischen Ost und West. Fortan konnten Bürger der DDR nur noch Badeurlaub an der Ostseeküste machen. Usedom erlebte dadurch erneut einen enormen Zulauf. Immer schneller wurden einfachere Unterkünfte für die Arbeiterklasse aus dem Boden gestampft. Die Ortsbilder der Badeorte an der Küste änderten sich dadurch drastisch. In Ückeritz entstand ein Campingplatz mit einer Kapazität von 18 000 Plätzen. Er war damals der größte Campingplatz Europas.
Nach der Wende wurde permanent am Wiederaufbau der größtenteils verwahrlosten Bauten aus der DDR-Zeit gearbeitet, ebenso wie an der Rückführung der Besitztümer, die durch das DDR-Regime enteignet worden waren. Neue Seebrücken wurden errichtet, kulturelle Festivals ins Leben gerufen, Thermalbäder eröffnet. Die Kaiserbäder Ahlbeck, Heringsdorf und Bansin erhielten offiziell das Prädikat Seeheilbad. In Heringsdorf wurde die erste Spielbank eröffnet. 1999 wurde die gesamte Insel zum Naturpark erklärt. In den ersten Jahren des 21. Jahrhunderts stiegen die Gästezahlen permanent an. Die meisten Besucher kommen aus Deutschland, aber auch die Zahl ausländischer Touristen nimmt stetig zu. Der Tourismus ist bis heute Usedoms Einnahmequelle Nummer Eins.

Seite 22/23:
Klein, aber fein: Das Otto-Lilienthal-Museum in Anklam beherbergt viele Modelle des Flugpioniers, der mit seinem Wissen, seinen Experimenten und Berechnungen den Grundstein zur modernen Fliegerei legte.

Seite 24/25:
184 Stufen müssen bewältigt werden, bis man vom Turm der Sankt-Petri-Kirche in Wolgast diesen wunderschönen Panoramablick auf die Stadt und die Umgebung genießen kann.

Drei Di sind mi zu wunderbar,
und das vierte ver ehe ich nicht:
Des Adlers Weg m Himmel,
der Schlange Weg f Felsgestein,
des Schiffes Weg au See und
den Weg des Mannes beim Weibe.

jeden Sinn, seine Seele verloren.
So erfüllen sich die Träume
einer nach dem anderen zu Tode.
Kannst Du
einen neuen Traum haben ?

MUSEUM WOLGAST

Kaiserbäder und romantische Ecken – die Südhälfte Usedoms

Die Strandpromenade von Bansin ist seit Jahrzehnten mit denen von Ahlbeck, Heringsdorf und dem polnischen Swinemünde verbunden. Rund zwölf Kilometer lang ist diese Flaniermeile – die längste ihrer Art in Europa.

Ein Feriendomizil in einem der Seebäder an der Ostseeküste zu haben, war schick und angesagt um die Jahrhundertwende zum 20. Jahrhundert. Betuchte Berliner aus Industrie, Kunst und Politik zog es nach Usedom, um ihren Traum vom Eigenheim am Strand zu verwirklichen. Was dabei zum Vorschein kam, wurde über die Grenzen hinaus als Bäderarchitektur bekannt. Villen mit französischen Balkonen, filigranen Stuckelementen und Balustraden, griechischen Säulen und niederländischen Glocken- und klassizistischen Leistengiebeln – ganz nach dem Geschmack des Besitzers. Viele dieser geschichtsträchtigen Villen haben sich gut erhalten, wurden bestens restauriert und gelten als schöne Beispiele der Bäderarchitektur, die in den Kaiserbädern und im Seebad Zinnowitz anzutreffen sind.

Je weiter man sich von der lebhaften Küste entfernt, desto stiller wird die Landschaft. Radfahrer, Wanderer und Reiter durchkreuzen die Idylle der „Usedomer Schweiz", wie die wenig besiedelte Region im Herzen des Inselsüdens genannt wird. Traditionelle Bauerndörfer findet man hier, mal mit wuchtiger Feldsteinkirche, mal mit kleinem Hafen am Flachsee. Sie wechseln sich mit sanft gewellten, bewaldeten Landstrichen und Wiesen ab. Dazwischen stehen ab und an holländische Windmühlen und herrschaftliche Landgüter und Schlösser, die von längst vergangenen Tagen zeugen.

Hauptort in der „Usedomer Schweiz" ist die Kleinstadt Usedom am Rande des großen Stadtforstes. Ein mittelalterlicher Kern mit Fachwerkhäusern, Backsteintor und -kirche, schmalen Gassen mit Kopfsteinpflaster und mit dem Schlossberg, der eigentlichen Keimzelle der Siedlung, führt weit zurück in die Geschichte des Ortes, der der Insel ihren Namen gab.

Oben:
Ein schönes und gern fotografiertes Motiv auf Usedom: Strand, Strandkörbe und im Hintergrund die historische, 280 Meter lange Seebrücke von Ahlbeck, die 1882 errichtet wurde und heute unter Denkmalschutz steht.

Rechts:
Direkt an den Ostseeständen von Usedom dürfen laut Verordnung keine Imbissbuden errichtet werden, am Zugang eines Strandes, wie hier in Ahlbeck, gilt diese Regelung nicht.

Links:
Der historische, circa 5,5 Meter hohe Uhrturm mit Jugendstilelementen ziert bereits seit 1911 die Ahlbecker Promenade, ist deshalb nicht mehr vom Ort wegzudenken und ein guter Orientierungs- und Treffpunkt.

Oben:
Ein Lift fährt zur Plattform des modernen Aussichtsturmes der Ostseetherme an der Grenze zwischen Ahlbeck und Heringsdorf. Beide Orte sind denn auch gut von hier oben zu sehen.

Rechts:
Die breite Strandpromenade von Ahlbeck ist Radweg und Flaniermeile zugleich, mal mit, mal ohne Restaurants oder Cafés. Eigentlich trifft das auf fast alle Strandpromenaden auf Usedom zu.

Oben:
Nicht alle Wege und Plätze der Strandpromenaden dürfen mit dem Rad benutzt werden. In den Badeorten, hier in Ahlbeck, gibt es aber genügend offizielle Parkplätze, auf denen das Vehikel abgestellt werden kann.

Links:
Darf in keinem Kurort fehlen: die Freiluftbühne, oft liebevoll als Kurmuschel bezeichnet, für diverse Veranstaltungen, vom kleinen Schauspiel über Tanzvorführungen und klassischer Musik bis hin zu alter Schlagermusik – hier in Ahlbeck.

Links:
Der Platz vor dem Hotel Meereswelle ist nach dem Vorplatz bei der historischen Seebrücke das zweite touristische Zentrum von Ahlbeck. Rings um den Platz gibt es zahlreiche Geschäfte und gemütliche Bänkchen laden zur Verschnaufpause nach dem Shoppen ein.

Unten:
An den Giebeln der Villen im Stil der Bäderarchitektur lässt sich manchmal erraten, woher der Einfluss kommen könnte. Solche Glockengiebel zum Beispiel kennt man vor allem in den Niederlanden.

Ganz unten:
Die Geschichte des Hotels Meereswelle in Ahlbeck führt in die Anfänge des Bädertourismus und der damit verbundenen Bäderarchitektur auf Usedom zurück. 1875 wurde es von dem Geschäftsmann Albert Wendicke als Kurhaus errichtet.

Mit dem zunehmenden Bädertourismus auf Usedom kamen ab der Wende vom 19. ins 20. Jahrhundert immer mehr reiche Geschäftsleute auf die Insel, um sich ihren Traum vom Sommerdomizil zu verwirklichen. Dabei entstand eine Vielzahl an beeindruckenden Villen in den Kaiserbädern, die bis heute ihren Reiz nicht verloren haben – hier zwei Beispiele aus Heringsdorf. Die meisten Gebäude dienen mittlerweile als Unterkunft, mal als Luxushotel, mal als Bed and Breakfast, mal als Apartmentanlage.

Links:
Auch die pompöse Villa Staudt dient heute als Ferienunterkunft. Sie ist eines der geschichtsträchtigsten Gebäude von Heringsdorf. Die Villa wurde 1873 errichtet, zwischen 1909 und 1912 regelmäßig von Kaiser Wilhelm II., der der Familie Staudt nahestand, besucht, und von Hitlers Leibarzt Theodor Morell 1938 gekauft, der darin ein Sanatorium einrichtete. 1943 übernahm die Wehrmacht das Haus und machte daraus ein Lazarett. Während der DDR-Zeit war sie Ferienheim.

Unten:
Die meisten Prachtvillen wurden bestens renoviert. Man sollte sich etwas Zeit nehmen und durch die Straßen der Kaiserbäder spazieren, wo sich viele dieser altehrwürdigen Gebäude aneinanderreihen – hier in Heringsdorf.

JRMGARD

In der neoklassizistischen, aus dem Jahre 1906 stammenden Villa Irmgard in Heringsdorf wohnte 1922 der russische Schriftsteller Maxim Gorki, der in dem Seebad Genesung von seiner erneut aufgeflammten Tuberkuloseerkrankung suchte. Davor war Gorki bereits mehrere Monate in einem Sanatorium im Schwarzwald. In der Villa Irmgard sind im Erdgeschoss sein Arbeitszimmer, das Esszimmer und Wohnzimmer, auch als „arabisches Zimmer“ bekannt, teils mit originalen Möbeln erhalten. An der Westseite der Villa wurde dem berühmten Gast ein Denkmal in Form einer lebensgroßen Statue gesetzt.

Unten:
Es ist Hauptsaison in Heringsdorf, was vor allem am stark frequentierten Sandstrand gut erkennbar ist. In der Vor- und Nachsaison muss man den Strand oft nur mit wenigen Badegästen teilen.

Rechts oben:
Über die Architektur der Seebrücke von Heringsdorf wurde viel geschrieben, diskutiert und gestritten. Die Gegner wollen sie umbauen oder am besten gleich abreißen, die Befürworter wiederum finden sie schick und modern.

Rechts Mitte:
Da Heringsdorf offizieller Kurort ist, darf ein Kurplatz natürlich nicht fehlen. Er unterbricht bei der Seebrücke die Strandpromenade und ist der Mittelpunkt des Ostseebades.

Rechts unten:
Das Theaterzelt Chapeau Rouge und seine Aufführungen sind mittlerweile eine Institution und aus dem Heringsdorfer Kulturprogramm nicht mehr wegzudenken. Das Theater gehört zur Vorpommerschen Landesbühne.

Deutsche Strandkultur – der Strandkorb

Ein Strand an Deutschlands Küsten ohne den geliebten Strandkorb ist kaum noch vorstellbar. Seit über 100 Jahren warten die gemütlichen Sessel geduldig in Reih und Glied auf Kunden, mal in schlichtem Weiß, mal Blau-Weiß gestreift, mal in Gelb, mal bunt mit warmen Farbtönen. Das Basismodell hat im Laufe der Jahrzehnte viele Formen, Größen und Ausstattungen erhalten. Meistens wird er als Doppelsitzer konzipiert. Das Mobiliar schaffte es 2007 sogar in die Schlagzeilen der internationalen Presse als überdimensionales Sondermodell G8, in dem alle am damaligen G8-Gipfel in Heiligendamm teilnehmenden Staatsoberhäupter Platz fanden. Seine Berühmtheit hatte der Strandkorb aber schon lange vor dem Gipfeltreffen erreicht.

Schutz vor Zugluft

Ein bequemer Strandsessel, der vor Wind und Sonne schützen und zusätzlich auch die Blicke neugieriger Strandspaziergänger fernhalten sollte, war der Wunsch des herzoglichen Hofes, der an den Lübecker Wilhelm Bartelmann herangetragen wurde. Bartelmann war gelernter Korbmacher, siedelte von Lübeck nach Rostock über und eröffnete dort 1870 eine Werkstatt. Er gilt als Erfinder des Strandkorbes, obwohl geflochtene Korbsessel aus Weidenholz mit einem Windschutz beziehungsweise gebogenem Dach über der Sitzfläche schon lange davor in Europa innerhalb der Zunft bekannt waren. Diese Korbsessel wurden in kalten Wohnungen zum Schutz vor Zugluft verwendet und fanden bereits im 17. Jahrhundert Einzug in niederländische und deutsche Bürgerhäuser. Im 18. Jahrhundert kamen sie auch in Landgütern, Herrenhäusern und Schlössern auf den britischen Inseln in Mode. Beweise dafür liefern vor allem Gemälde niederländischer Maler aus dem 17. Jahrhundert, auf denen sie zu sehen sind. Ob die Sessel auch außerhalb der Häuser Verwendung fanden, weiß man nicht, denn darauf verweist keine Darstellung. Doch liest man in schriftlichen Aufzeichnungen von Sesseln, die wohl eine Ähnlichkeit mit den Standmöbeln vom Ende des 19. Jahrhunderts gehabt haben könnten.

Einführung des Strandkorbes

Bartelmanns Modell wurde 1882 im Ostseebad Warnemünde im Zuge der Eröffnung der ersten Strandkorbvermietung an der Ostsee vorgestellt. Sein Standardmodell wurde bis heute nicht wesentlich verändert. Es wiegt circa 75 Kilogramm, ist etwa 160 Zentimeter hoch und wird größtenteils von Hand hergestellt. Einige Teile werden mittlerweile maschinell gefertigt, wie etwa die Einzelteile des Sockels mit Sitzfläche, in Fachkreisen als Bock bezeichnet. An beiden Seiten des Bocks werden geflochtene Wände befestigt, an der Rückseite die sogenannte Haube, also das „Dach über dem Kopf“. Ein wetterfester Markisenstoff oder wie beim DDR-Modell, eine günstige Hartplastikfolie, wird für die Bekleidung verwendet. Schaumstoff formt die Grundlage für die Sitzpolsterung. Das Basismodell wird in der Regel mit Armlehnen, Seitentischen und Fußkästen ausgestattet. Die Modelle an der Nordsee erhalten ein eher kantiges Aussehen, während die Ostseesessel viele Rundungen aufweisen.

Und dann gab es noch das DDR-Modell – ohne Flechtwerk oder Hartholz, stattdessen alles aus Spanplatten und Plastikteilen – schlicht, zweckmäßig und preiswert. Der DDR-Korb erhielt auch einen passenden Namen: „Platte“. Heute sind „Platten“ am Strand aber eher selten zu sehen. Der Kontrast zur „Platte“ sind Luxusmodelle mit Sitzheizung, Bar, Leselampen, Kühlschrank, Musikanlage, abnehmbaren Seitentischen, verschließbaren Fächern und aufklappbaren Sitzflächen. Spezialisiert auf Sondermodelle hat sich die Manufaktur Korbwerk in Heringsdorf. Die fast 100 Jahre alte Fabrik hat auch den berühmten G8-Strandkorb angefertigt, ebenso wie den klassischen XXL-Strandkorb an der Promenade von Heringsdorf. In der Manufaktur wird fast alles noch in Handarbeit hergestellt. Wer einen Blick auf die traditionelle Herstellung werfen möchte: Korbwerk befindet sich am Waldbühnenweg 2 nahe dem Bahnhof Heringsdorf und bietet jeden Donnerstag um 10 Uhr eine kostenlose Führung an. Mehr dazu unter: *www.korbwerk.de*

Links: *Seit jeher ist die Herstellung des Strandkorbes Handarbeit, vor allem das Flechten verlangt viel Geschick und Zeit. In der Heringsdorfer Manufaktur Korbwerk kann man sich davon überzeugen.*

Oben: *An ihm wurde etwas länger als sonst gearbeitet: Der größte Strandkorb der Welt wurde in circa 1000 Arbeitsstunden von der Manufaktur Korbwerk hergestellt. Er bietet Platz für mehrere Dutzend Menschen und steht in Heringsdorf auf dem Kurplatz.*

Kleine Bilder rechts, von oben nach unten: *Die Manufaktur Korbwerk in der Waldbühnenstraße in Heringsdorf ist auf Sondermodelle spezialisiert. Im Schauraum der Fabrik stehen denn auch die unterschiedlichsten Strandkörbe.*

Das Untergestell des Strandkorbes besteht vollständig aus Holz, das in der eigenen Sägerei der Manufaktur zugeschnitten und danach von Hand weiter verarbeitet wird.

Ein Bild, das an der Ostseeküste überall zu sehen ist: Strandkörbe, die geduldig auf Badegäste warten. Aber auch an der deutschen Nordsee hat sich der Strandkorb durchgesetzt.

Das Sondermodell Lounge ist ein Beispiel für die unterschiedlichen Wünsche der Auftraggeber und zeugt von der Kreativität und Fachkunde der Manufaktur Korbwerk.

Oben:
Vom einstigen Seesteg in Bansin ist heute nichts mehr erhalten. Er wurde nach dem Zweiten Weltkrieg abgerissen und 1990 durch eine Seebrücke ersetzt. Vom Ende der 285 Meter langen Seebrücke hat man einen schönen Blick auf das Seebad.

Rechts:
Der in der Eiszeit entstandene, 14 Hektar große Schloonsee in Zentrum von Bansin ist eine Oase der Ruhe. Kaum zu glauben, dass in diesem Idyll in der DDR-Zeit Probebohrungen zur Gasförderung gemacht wurden.

Oben:
Die Steilküste zwischen Bansin und Ückeritz ist eine sogenannte Abbruchküste, was aber weniger dramatisch ist, als die Bezeichnung aussagt. Der teils feinsandige, teils steinige Strand ist übrigens für Sammler interessant, spült das Meer doch immer wieder Muscheln und andere Schätze wie Bernstein an.

Links:
In der Seestraße von Bansin und vor allem in der rechtwinkelig dazu verlaufenden Bergstraße entfaltet sich die Bäderarchitektur in vollem Umfang. Hier stehen die meisten Prachtvillen des Ortes.

Der 1908 in Neu-Sallenthin bei Heringsdorf geborene Schriftsteller Hans Werner Richter hat aus dem ehemaligen Feuerwehrhaus von Bansin sein Wohnhaus gemacht. Im Jahr 2000 wurde das über 100 Jahre alte Haus zum Literaturhaus umfunktioniert, in dem man Bücher ausleihen und das ehemalige Arbeitszimmer des Schriftstellers besichtigen kann. Im sogenannten „Günter-Grass-Zimmer“ finden regelmäßig Vorlesungen statt.

Links:
1953 kam der in Leipzig geborene Maler und Grafiker Rolf Werner nach Usedom und siedelte sich in Bansin an. Zusammen mit seinem Freund Otto Niemeyer-Holstein hat er die Kunst auf der Insel geprägt. Werners ehemaliges Atelier in der Seestraße kann besichtigt werden.

Unten:
Ende des 19. und Anfang des 20. Jahrhunderts wurde in Bansin viel gebaut und meist – wie so oft auf Usedom – im Stil der Bäderarchitektur, wovon man sich an der Strandpromenade beidseitig der Seebrücke überzeugen kann.

Links:
Am Rande von Neu-Sallenthin steht der Aussichtsturm „Sieben-Seen-Blick“. Der Name ist Programm. Vom Turm blickt man unter anderem auf den Schmollensee, den Großen und Kleinen Krebssee oder wie hier auf den Gothensee.

Unten:
Unterwegs in der Usedomer Schweiz, wie das Gebiet im Süden der Insel genannt wird, trifft man in dieser sanft gewellten Landschaft oft auf Reiter, die sich die Gegend mit Radfahrern und Wanderern teilen.

Ganz unten:
Um den Gothensee sehen zu können, muss man nicht unbedingt zum Aussichtsturm „Sieben-Seen-Blick“ fahren. Der See ist auch von der Hauptverkehrsstraße aus beim Dorf Bansin frei sichtbar.

Linke Seite:
Vom Mühlenberg hat man einen schönen Blick auf die Sankt-Petri-Kirche von Benz. Die Feldsteinkirche stammt aus dem 15. Jahrhundert. Ein auffallendes äußerliches Merkmal ist die geschwungene Haube, die 1740 auf den Turm gesetzt wurde.

Ganz links:
In der Benzer Dorfkirche ist die gewölbte Holztonnendecke der Hingucker schlechthin. Die Decke wurde 1836 im Kirchenschiff angebracht und etwa 100 Jahre später mit dem Sternenhimmel bemalt.

Links:
Am Südrand der Gemeinde Benz steht seit 1830 auf dem Mühlenberg die Holländerwindmühle. Sie wurde 1974 vom Künstler Otto Niemeyer-Holstein erworben und restauriert, der sie ab und an auch als Atelier nutzte.

Links:
Das alte Feuerwehrhaus in Benz hat seit langem ausgedient. Heute hat die Gastronomie Einzug gehalten und der Garten des Cafés ist ein beliebter Rastplatz bei Radfahrern und Wanderern.

Unten:
Mitten im Dorf Mellenthin steht das gleichnamige Wasserschloss, das schön saniert wurde. In dessen Hauptgebäude ist heute ein Restaurant und im Westflügel ein Hotel untergebracht.

Rechts oben:
Blick auf den Balmer See, dem südöstlichsten Teil des Achterwassers. Im See liegen die kleinen, flachen Inseln Cosim, Böhmke und

Werder, die alle als Natur- und Vogelschutzgebiet ausgewiesen sind und nur bedingt besucht werden können.

Rechts Mitte: *Von weitem sichtbar: die Bockwindmühle von Pudagla, die einzige noch erhaltene Mühle ihrer Art auf Usedom. Ihre Geschichte lässt sich bis etwa Mitte des 18. Jahrhunderts zurückverfolgen.*

Rechts unten: *Es kommt auf Usedom nicht oft vor, dass Radfahrer die Straße benutzen müssen, wie hier bei Mellenthin. Viele der Asphaltstraßen sind dankenswerterweise allerdings wenig frequentiert.*

Oben:
Genug vom bunten Treiben an den Ostseestränden? Dann ist die ruhige Gegend um den Wolgastsee ein paar Kilometer südlich von Ahlbeck genau das Richtige. Viel Wald, wenig Bebauung und eine urige Kneipe am Westufer in Korswandt.

Rechts:
Am Südufer des Gothensees liegt das beschauliche, lang gezogene Straßendorf Ulrichshorst, dessen reetgedeckte Häuser richtige Hingucker sind.

Oben:
Zur Zirchower Dorfkirche, eine der ältesten Kirchen auf Usedom, zog es immer wieder den deutsch-amerikanischen Maler Lyonel Feininger, der die Kirche in sieben Gemälden dargestellt hat.

Links:
Im Museum von Dargen wird die DDR-Zeit mit vielen Ausstellungsstücken festgehalten: von der Nähmaschine über elektrische Trockenhauben, Lockenwickler und Staubsauger bis hin zum Trabi mit Campingzelt auf dem Dach.

Oben:
Die Lieper Dorfkirche gilt als ältestes urkundlich bezeugtes Gotteshaus auf Usedom, den schriftlichen Aufzeichnungen nach stammt es aus dem Jahr 1216. Doch die ursprüngliche Kirche ist seit langem verschwunden. Das heutige Gebäude stammt aus dem 15. Jahrhundert.

Rechts:
Am Ortsrand von Rankwitz wurde in der alten Schule das Museum Heimathof eingerichtet, dessen Ausstellungsstücke größtenteils über das Leben und die Arbeit der Bauern im Lieper Winkel informieren.

Seite 56/57:
Zwei Jahre nach der Wende kam auch für den Hafen von Rankwitz der große Umschwung. Dort, wo einst Kohle, Sand und Stückgut täglich umgeschlagen wurden, schaukeln heute Segel- und Motorboote, und an den Ufern stehen Ferienhäuser und Fischgaststätten.

Links:
Am schmalen Strand von Warthe neben dem Fischerhafen des Dorfes kann man ins Wasser der Peene steigen und sich abkühlen, ohne die starke Strömung des Flusses sofort zu verspüren.

Unten:
Um den Lieper Winkel verläuft ein Radrundweg. Der gut ausgebaute, asphaltierte Weg führt auch an typischen Fischerhütten vorbei, wie hier im Rankwitzer Ortsteil Quilitz am Peenestrom.

MURPHY
DOG

Oben:
Das Ensemble aus altem Pfarrhaus, restaurierter Fachwerkscheune und spätgotischer Dorfkirche in Morgenitz, verbunden mit der kopfsteingepflasterten Straße, zählt zu den schönsten Ortsbildern auf Usedom.

Rechts:
In Morgenitz lohnt es sich, einen Blick in die evangelische Kirche zu werfen, denn sehenswert sind unter anderem die gewölbte, schlichte Holzdecke, die Totentafeln an der Wand und der barocke Altaraufsatz.

Oben:
Wie alt die Sockeleiche bei Suckow ist, kann niemand genau sagen. Man schätzt den Baum, der sich wie ein Tintenfisch über ein bronzezeitliches Hügelgrab legt, auf rund 1000 Jahre. Ende des 13. Jahrhunderts tauchte die Eiche bereits in einer herzoglichen Urkunde als Grenzmarke auf. Und seither hat der circa 15 Meter hohe Baum gute, aber auch schlechte Zeiten mitgemacht. Ein Sturm 1997 brach den Hauptast, danach wurde der Baum mit Eisenringen gestützt.

Links:
Um den einzigartigen Baum bei Suckow erstreckt sich eine typische, idyllische, sanft gewellte Agrarlandschaft mit Rapsfeldern.

Linke Seite:
Über dem mittelalterlichen Kern des rund 2000 Einwohner zählenden Städtchens Usedom erhebt sich der weithin sichtbare Turm der spätgotischen Marienkirche, deren Ursprung bis ins 14. Jahrhundert reicht. Sie ist übrigens die einzige der ehemals fünf Stadtkirchen, die erhalten blieb.

An der Westseite des circa 100 mal 100 Meter großen Marktplatzes, dem Herzen der Stadt Usedom, steht das Pfarrhaus, dessen Obergeschoss im Fachwerkstil ausgeführt ist. Wunderschönes Detail des aus dem Jahre 1800 stammenden Hauses ist die Holztür. Im Hintergrund ist das Anklamer Tor zu sehen.

In der Swinemünder Straße von Usedom-Stadt, die vom Marktplatz gen Norden führt, reihen sich schön renovierte Bürgerhäuser aneinander, die mit ihren bunten Fassaden Farbakzente setzen.

Ausflug nach Swinemünde

Die Möglichkeit, einen Blick über die Grenze ins polnische Seebad Swinemünde (Świnoujście) zu werfen, sollte man sich nicht entgehen lassen. Die moderne Usedomer Bäderbahn pendelt regelmäßig zwischen den Badeorten und Swinemünde, und Fahrgastschiffe legen mehrmals täglich von den Seebrücken der Kaiserbäder ab. Sogar zu Fuß ist es möglich, Swinemünde zu besuchen. Nur sechs Kilometer Strand und Wald trennen das Seebad Ahlbeck vom Zentrum in Swinemünde. Die schönste Anreise aber ist zweifelsfrei jene mit dem Rad. Auf der Seepromenade radelt man gemütlich parallel zum Meer und durch die bewaldete Grenzzone bis ins alte Bäderviertel von Swinemünde. Statt der Kontrolle begrüßt an der Grenze ein modernes Kunstwerk die Besucher.

Wahrzeichen Mühlenbake

Der polnische Nachbarort entstand im Mittelalter als Fischerdorf und bekam Mitte des 18. Jahrhunderts von Friedrich II., dem Großen, Stadtrechte verliehen samt neuem Namen: Swinemunden. Der Ort verdankt seine historische Bedeutung der strategisch und wirtschaftlich günstigen Lage an der Ostseemündung der Swine, einem Nebenarm der Oder. Zunächst breitete sich die Stadt nur am Westufer des Flusses aus. Anfang des 19. Jahrhunderts wurde mit der Schiffbarmachung der Swine begonnen, wonach die Stadt sich auch auf das Ostufer ausdehnte. Von ihrer Wichtigkeit zeugen heute noch die Befestigungsanlagen an der Hafeneinfahrt: die Engelsburg (Fort Anioła), das West-Fort (Fort Zachodni) und das Fort Gerhard (Fort Wschodni). Neben dem Fort Gerhard ragt zwischen den Lastkränen des Handelshafens der historische Leuchtturm empor. Er wurde Mitte des 19. Jahrhunderts errichtet und war damals mit seinen 68 Metern einer der höchsten Leuchttürme an der Ostseeküste. Der Blickfang an der Hafeneinfahrt ist aber ein Navigationszeichen auf dem Wellenbrecher, das als weißer Rundturm mit Mühlenflügeln einer holländischen Windmühle ähnelt. Diese Mühlenbake (Młyny) ist das Wahrzeichen von Swinemünde und lässt sich auch vom Strand aus bewundern.

Swinemünde wurde Ende des Zweiten Weltkriegs schwer getroffen. Die Bombenangriffe zerstörten weitgehend die Altstadt, dennoch gibt es einiges zu sehen, wie etwa die Bäderarchitektur entlang der lebhaften Strandpromenade und im Kurviertel, das sich dahinter ausbreitet. Das Stadtzentrum liegt zwischen Kurviertel und der Swine, ist klein, überschaubar und zu Fuß oder mit dem Rad gut zu erkunden.

Spaziergang durch das Zentrum

Mittelpunkt des Stadtkerns ist Plac Wolności. Der gepflegte Platz mit seinem Brunnen, seinen Blumenbeeten und Sitzbänkchen ist beliebter Treffpunkt für Jung und Alt. Einige schöne, klassizistische Gebäude säumen ihn, Restaurants und Cafés laden zum Verweilen ein. Unweit des Wolności-Platzes steht das historische Rathaus (Dawny ratusz) aus dem Jahr 1806. Der spätklassizistische Bau imponiert mit einem auffallenden Uhrturm auf dem Dach. Heute beherbergt das alte Rathaus das Museum für Hochseefischerei mit Ausstellungen zum Fischfang und zur Stadtgeschichte. Südöstlich des Plac Wolności fällt die Aufmerksamkeit auf die schlichte, neogotische König-Christus-Kirche. Sehenswert darin sind ein zwei Meter langes Votivschiff, das frei an der Kassettendecke hängt, und ein 15 Quadratmeter großes Wandbild mit der Kreuzigung Jesus. In den Sommermonaten findet jedes Wochenende in der Kirche das Internationale Musikfestival „Swinemünder Orgelabende" statt. Gegenüber der Kirche lebte übrigens von 1827 bis 1832 der Schriftsteller Theodor Fontane (1819–1898), der seine Kindheitserlebnisse in seinem Werk „Meine Kinderjahre" schilderte.

Ein weitere bedeutende Kirche erhebt sich einige Straßen nördlich des Platzes: die neogotische Kirche Stella Maris (Maria-Meeresstern) aus dem Jahr 1896 mit wertvollen Glasmalereien. Von der ehemaligen Lutherkirche ist nur der Backstein-Turm (Wieża widokowa) erhalten. Rund 200 Stufen führen zur Aussichtsplattform hoch, auf der man sich mit einem herrlichen Ausblick von Swinemünde verabschieden kann.

Links: *Die Usedomer Bäderbahn verbindet mehrmals täglich die Ostseebäder auf deutscher Seite mit der polnischen Stadt Swinemünde, die im 19. Jahrhundert das erste und lange Zeit auch das größte Seebad auf Usedom war.*

Oben: *Der wunderschön gestaltete Plac Wolności ist das Herz von Swinemünde und gleichzeitig auch der Hauptverkehrsknotenpunkt der Stadt. Von hier führen sternförmig die Straßen in alle Himmelsrichtungen.*

Kleine Bilder rechts, von oben nach unten: *Mit dem von der Europäischen Union geförderten Projekt „Transgraniczna Promenada" wurde die grenzüberschreitende Promenade von Anlbeck nach Swinemünde verwirklicht und ein Denkmal zur Erinnerung an die Teilung der Insel gesetzt.*

In vielen Straßen Swinemündes trifft man noch auf Häuser aus der Gründerzeit mit Jugendstilelementen, wie hier in der Armii Krajowej nahe dem historischen Rathaus.

Im ehemaligen Rathaus mit dem auffallenden Turm am Plac Rybaka hat heute das Museum für Hochseefischerei Einzug gehalten. Neben Exponaten um die Geschichte der Fischerei beschäftigt sich das Museum auch mit der Meeresfauna und der Stadtgeschichte.

Südlich der Strandpromenade und nur ein paar Gehminuten vom Stadtzentrum entfernt breitet sich das Kurviertel samt gepflegtem Kurpark aus. So wie in den Ostseebädern auf deutscher Seite gibt es auch hier ganze Straßenzüge mit typischer Bäderarchitektur.

Links:
Der Naturhafen von Karnin ist eine beliebte Anlegestelle von Freizeitkapitänen auf dem Peenestrom. Eine Personen- und Radfähre verbindet Karnin mit Kamp.

Unten:
Das 33 Meter hohe Stahlskelett im Peenestrom bei Karnin ist der Rest einer ehemaligen, 600 Meter langen Eisenbahnhubbrücke, die nach zweijähriger Bauzeit ab 1934 das Dorf Kamp auf dem Festland mit Karnin auf Usedom verband und ein wichtiges Bindeglied im Eisenbahnnetz war.

Oben:
Die 330 Meter lange Klappbrücke über den Peenestrom bei Zecherin ist das wichtigste Verbindungsglied im südlichen Straßenverkehrsnetz zwischen Vorpommern und Usedom.

Rechts:
Schloss Stolpe ist der Stolz des rund 500 Einwohner zählenden Dorfes. Der Renaissancebau aus dem 17. Jahrhundert ist im Besitz der Gemeinde und wird noch immer restauriert.

Unten:
Die Räume im Schloss Stolpe sind fast alle renoviert und vermitteln einen guten Eindruck vom einstigen Leben der Blaublütigen von Schwerin, von denen Gräfin Edda von Schwerin die letzte Bewohnerin der Anlage war.

Ein Besuch des Schlosses Stolpe lässt sich auch gut mit dem von Gummlin verbinden, einem kleinen Dorf einige Kilometer nordöstlich von Stolpe, in dem die Zeit stehen geblieben zu sein scheint. Der Reiz liegt im schönen Ortsbild, der ländlichen Umgebung und dem kleinen Naturhafen südlich des Ortes am Kleinen Haff.

Zwischen Peenemünde und Ückeritz – die Nordhälfte Usedoms

Die Strände in der Nordhälfte Usedoms sind im Vergleich mit jenen von den Kaiserbädern etwas ruhiger, die Strandkörbe nicht so präsent wie in Heringsdorf oder Ahlbeck. Und der hier abgebildete Strand von Zinnowitz zählt zu den schönsten und angenehmsten Stränden der Insel.

Lediglich ein dünner Landstreifen zwischen der Ostsee und dem Achterwasser verbindet den nördlichen Teil Usedoms mit der Südhälfte. Die Königin unter den Seebädern im Norden ist zweifelsohne Zinnowitz mit seinen eleganten Villen und Hotels, einer gepflegten Promenade und netten Einkaufsstraßen. Aber auch die Badeorte Karlshagen, Trassenheide, Zempin, Koserow, Kölpinsee-Loddin und Ückeritz haben ihre treuen Stammgäste. Erholung und Ruhe findet man auf den Halbinseln Gnitz und Wolgaster Ort, die noch viel von ihrer Ursprünglichkeit erhalten haben.

Stille und Ursprünglichkeit machen den besonderen Reiz des Nordens aus. Entlang der Küste erstrecken sich weite Dünengebiete, die größtenteils von Kiefern zum Schutz des feinen Dünensandes bestanden sind. Zwischen den Kieferwäldern sind noch vereinzelt Buchen- und Eichenbestände zu finden, die einst die ganze Küste bedeckten. Das Hinterland wird von Salzgraswiesen, Schilfgürteln, Moorgebieten mit Spuren der einstigen Torfgewinnung, Agrarflächen und bunten Wiesen dominiert. Es sind gute Brutplätze für verschiedene Wasservögel und beliebte Ziele von Wanderern und Radfahrern.

Im äußersten Norden beherrscht der Peenemünder Haken die Landschaft. Schon 1925 wurde das Gebiet als eines der ersten Naturschutzgebiete Mecklenburg-Vorpommerns ausgewiesen. Bereits zehn Jahre danach wurde es jedoch von der Wehrmacht annektiert, die dort die Heeresversuchsanstalt Peenemünde zur Entwicklung und Erprobung von Raketen errichtete. Noch heute sind weite Teile des Nordens militärisches Sperrgebiet.

Unten:
Die seit 1997 jährlich stattfindenden Vineta-Festpiele auf der Ostseebühne des Seebades Zinnowitz zählen zu den kulturellen Highlights Usedoms und werden von der Vorpommerschen Landesbühne veranstaltet.

Rechts oben:
Unter den historischen Bauwerken von Zinnowitz ist das an der Strandpromenade stehende, um 1900 erbaute Holzhaus Schwalbennest eine Besonderheit: Es ist ein sogenanntes Wolgaster Holzhaus. Sie gelten als die ersten Fertigteilhäuser der Welt.

Rechts Mitte:
Das Fischrestaurant Nautilus in der Waldstraße von Zinnowitz ist eine gute Adresse für Liebhaber von allem, was aus dem Meer kommt. Das Restaurant hat aber auch andere kulinarische Köstlichkeiten für Groß und Klein auf der Karte.

Rechts unten:
Die Strandpromenade in Zinnowitz bietet nicht nur viel Grün und Platz zum Spazieren und Verweilen. Die Häuser an der Promenade sind architektonische Schönheiten in unterschiedlichsten Baustilen.

Oben:
Kurz nach Sonnenuntergang ist die tagsüber stark frequentierte Neue Strandstraße in Zinnowitz menschenleer und das Licht taucht die historischen Gebäude in eine besonders stimmungsvolle Atmosphäre.

Rechts:
Das Hotel Preussenhof wurde um 1900 unter dem Namen Schwabe's Hotel eröffnet. Das historische Gebäude wurde im Zuge von Besitzerwechseln mehrmals umgebaut, saniert und 2000 als Hotel Preussenhof eröffnet. Es gilt als eine der besten Adressen in Zinnowitz.

Oben:
Eine Besonderheit in Zinnowitz: das Café Ostseelift, das mehrmals am Tag wie ein Lift nach oben ausgefahren wird, um den Gästen einen Ausblick von einem höheren Standort aus zu bieten.

Links:
Designerklamotten, Lifestyle- und Kosmetikprodukte, Weine und Feinkost, ein Restaurant im Kaminzimmer und ein Café mit gemütlichen Außensitzplätzen – alles unter einem Dach bietet der Konzeptstore Pier 14 der Villa Gruner in Zinnowitz.

Unten:
Am Ende der Zinnowitzer Seebrücke befindet sich seit 2006 die Tauchgondel, mit der man mehrmals täglich, gemütlich auf einem Stuhl und ohne nass zu werden, in die Ostsee eintauchen kann.

Seite 76/77:
Von der Seebrücke aus eröffnet sich ein schöner Panoramablick auf den Zinnowitzer Strand – hier auf den östlichen Teil mit schöner Bäderarchitektur aus der Wende vom 19. ins 20. Jahrhundert.

Rechts oben:
1908 wurde aus einem einfachen Bootsanleger die Zinnowitzer Seebrücke. Nach mehreren Zerstörungen durch Naturgewalten wurde die Brücke 1940 schließlich abgerissen. Mehr als 50 Jahre später wurde erneut eine Seebrücke erbaut, die 1993 eingeweiht wurde. Ihre Gesamtlänge liegt bei 315 Metern.

Rechts Mitte:
Am Beginn der Zinnowitzer Seebrücke informiert eine Tafel die Gäste über Windstärke, Wasser- und Lufttemperatur. Im Holzhaus dahinter wacht tagsüber die Wasserrettung über die Badegäste.

Rechts unten:
Während des Tauchganges mit der Tauchgondel wird vieles über die Ostsee erzählt: von geschichtlichen und geografischen Aspekten, von der Flora und der Fauna in den Tiefen des Meeres und über die Entstehung und Sicherheit der Tauchgondel.

Oben:
Die Fischerei war eine der wichtigsten Einnahmequellen der Insulaner, da der Boden nicht sehr fruchtbar war. Gefischt wurde aber zunächst nur im Achterwasser, danach erst im Meer. Im Achterwasser bei Zempin ist das heute in geringerem Umfang noch der Fall.

Rechts:
Entlang der Küste verläuft der Insel-Radrundweg größtenteils im Wald, was vor allem bei sommerlichen Temperaturen sehr angenehm ist. Der Weg ist in diesem Bereich zwar nicht asphaltiert, aber auch nicht uneben.

Links:
Ein Teil des Zempiner Strandes gehört den Fischern. Die Lage der Boote zeigt übrigens an, wo die Fischer ihre Hütten haben, in denen der Fang direkt verkauft wird. Manchmal wird der Fisch dort auch gleich geräuchert angeboten.

Unten:
Eines der urigen Fischrestaurants auf Usedom befindet sich in Zempin: Taun Fischer un si Fru. Vor Ort wird dann auch der ungewöhnliche Name erklärt, denn Pate stand ein deutsches Märchen.

1933 kaufte der Maler Otto Niemeyer-Holstein zwischen Zempin und Koserow ein Stück Land, das er Lüttenort taufte. Beim Umzug von Berlin nach Lüttenort, übrigens die schmalste Stelle der Insel, hatte er einen ausrangierten S-Bahn-Waggon mit im Gepäck, der ihm zunächst als Dach über dem Kopf diente. Später wurde das Grundstück erweitert und es kam ein Wohnhaus (links und ganz unten) und ein Atelier (unten) hinzu. Das Wohnhaus wurde um den S-Bahn-Waggon gebaut, der eine Verbindung zwischen den Räumen und Terrassen darstellt. In einer modernen Galerie werden einige seiner Werke, die die Küstenlandschaften als Motiv haben, gezeigt.

Oben:
Der Strand von Koserow ist einer der wenige Strände auf Usedom, an dem Buhnen im Meer angelegt wurden, zum Schutz der Küste. In Koserow geht es dabei unter anderem um den Sandstrand vor der Abbruchküste beim Streckelsberg.

Rechts:
Über die 261 Meter lange Koserower Seebrücke, die seit Jahrzehnten die Anlegestelle für Koserow und die umliegenden Seebäder war, wird seit langem diskutiert, ob man sie nicht durch eine neue ersetzen sollte, vielleicht durch eine längere Brücke?

Oben:
Die aus dem 13. Jahrhundert stammende, frühgotische Feldsteinkirche von Koserow gelangte durch den Roman aus dem Jahre 1843 „Maria Schweidler, die Bernsteinhexe" des deutschen Schriftstellers Wilhelm Meinhold zu gewisser Berühmtheit. Heute werden in der Kirche auch Konzerte und Lesungen abgehalten.

Links:
Koserow ist bekannt wegen seiner Salzhütten aus dem 19. Jahrhundert, in denen die Fischer ihren Fang, meistens Heringe, durch einsalzen und die Lagerung in Holzfässern haltbar gemacht haben. Die verbliebenen Hütten beherbergen heute unter anderem ein kleines Freilichtmuseum.

Seite 84/85:
Von dem Aussichtspunkt auf dem Streckelsberg ist gut zu sehen, wie die Buhnen am Strand von Koserow angebracht wurden, um die Wellen zu brechen und den fragilen Sandstrand und die Küste vor dem Meer zu schützen.

Rechts:
Strandkörbe in auffallendem Rot, wie hier bei Loddin, sind eher selten; die meisten geflochtenen Strandkörbe sind weiß oder haben blaue Elemente.

Unten:
Das Hinterland wird an der gesamten Meeresküste von Usedom durch hohe Dünen geschützt, über die dann die Strandzugänge führen. Ein Holzsteg soll dabei den Gang durch den Sand erleichtern – hier bei Loddin.

Oben:
Im Hafen von Loddin am Achterwasser liegen kaum noch Fischerboote. In diesem Naturhafen überwiegen mittlerweile Freizeitboote.

Links:
Seit 1996 verkauft die Firma „Die Eisheiligen" kühle Getränke und natürlich Eis an den Stränden von Usedom. Die mit Menschenkraft geschobenen Wagen gehören aber langsam der Vergangenheit an.

Unten:
Der rund einen Kilometer lange und bis zu 500 Meter breite Kölpinsee (Schwanensee) im gleichnamigen Seebad kann als Oase der Ruhe betrachtet werden, wenn sich in den Sommermonaten das Leben hauptsächlich am langen Meeresstrand abspielt.

Rechts oben: *Im Seebad Kölpinsee-Loddin findet man auch neuere reetgedeckte Häuser, vor allem im Ortsteil Loddin am Achterwasser.*

Rechts Mitte: *Beim Natur-Campingplatz in Ückeritz beginnt ein, auch für Kinder interessanter, Naturlehrpfad, der vorbei am fast verlandeten Wockinsee mit Aussichtsturm führt.*

Rechts unten: *Neben dem Forsthaus in Pudagla wurde ein Gesteinsgarten angelegt. Die Findlinge wurden von der Greifswalder Universität auf ihr Alter untersucht und haben mehrere Millionen Jahre auf dem Buckel.*

Unten:
Besonders schön ist ein romantischer Spaziergang am Strand, während am Horizont langsam die Sonne untergeht und das Meer bei Ückeritz in ein besonderes Licht taucht.

Ganz unten:
Aus dem ehemaligen Fischerhafen von Ückeritz am Achterwasser wurde ein moderner Hafen mit dem gemütlichen Café Knatter, in dem auch Zimmer vermietet werden. Eine gute und ruhige Alternative zu dem Treiben am Ostseestrand.

Rechts:
Der Hafen von Stagnieß am Achterwasser hat sein Image als beschaulicher Fischerhafen schon lange abgelegt. Wo einst kleine Fischerboote lagen, ankern nun moderne Motorjachten und Segelschiffe.

126277S

Oben:
Strandkörbe am Strand – auch in Trassenheide kommt man um das Mobiliar nicht herum. Schön in Reih und Glied angeordnet warten sie geduldig auf Gäste.

Rechts:
Die neugestaltete Strandpromenade von Trassenheide bietet Restaurants, Cafés und Bänke zum Verweilen.

Oben:
Am Rande von Trassenheide steht die Welt im wahrsten Sinne des Wortes Kopf. Auch im Inneren des Hauses wurde alles umgedreht. Es ist wirklich ein außergewöhnliches Erlebnis, durch das Gebäude zu laufen.

Links:
Nur ein paar Schritte weiter von „Die Welt steht Kopf" werden sich die kleinen Fans des runden Leders erfreuen: Das Wachsfigurenkabinett stellt unter anderem auch die Fußballstars Messi, Beckham, Lewandowski und Cristiano Ronaldo zur Schau.

Rechts:
Bis zur Wende war der Hafen von Karlshagen militärisches Sperrgebiet. Ab 1990 wurde er dann zum größten Hafen am Achterwasser umgestaltet. Er bietet heute rund 110 Liegeplätze für die unterschiedlichsten Bootstypen.

Unten:
Die Bronzeskulptur „Die Sonnenbadende" trifft vielleicht nicht jedermanns Geschmack, ist aber der Blickfang auf der Strandpromenade von Karlshagen.

Oben:
Dort wo Dünenstraße, Strandstraße und Zeltplatzstraße zusammentreffen, liegt das eigentliche touristische Zentrum von Karlshagen mit Geschäften, Kinderspielplatz und Bänken.

Links:
In einem alten Gutshof wurde durch eine gemeinnützige Gesellschaft der Mölschowhof eingerichtet. Neben Kreativkursen gibt es hier einen Streichelzoo, ein Zentrum für Landwirtschaft und saisonal bedingte Märkte, wie den Oster- oder Adventsmarkt.

Unten:
Seit Juli 1991 steht die gesamte Südspitze der Halbinsel Gnitz unter Naturschutz. Sie bietet ein schönes Wandergebiet mit einem Rundkurs entlang der steil zum Krummer Wiek hin abfallenden Klippen.

Rechts oben:
Am Beginn des Wanderweges steht eine Tafel mit Informationen über die Geschichte und Instandhaltung des Naturschutzgebietes der Halbinsel Gnitz.

Rechts Mitte:
Vielerorts auf der Insel schützen Deiche das bewohnte Hinterland vor dem Wasser. Sie sind absolut tabu und dürfen weder betreten noch mit dem Rad befahren werden.

Rechts unten:
In Lütow auf der Halbinsel Gnitz befindet sich das einzige noch vollständig erhaltene Megalithgrab, das eine sehr frühe Besiedelung der Insel bezeugt.

Oben:
Auf den ersten Blick sieht man dem Fachwerkbau nicht an, dass es sich eigentlich um das alte Pfarrhaus der Gemeinde Netzelkow handelt. Heute kann man hier Kaffee und Kuchen genießen und auch den Schlüssel für die nebenan liegende Kirche abholen.

Rechts:
Inmitten der Agrarlandschaft auf der Halbinsel Gnitz hat ein Imker seinem Handwerk ein kleines Museum gewidmet. Schon der „Wohnwagen der Bienen" ist eine Sehenswürdigkeit.

Oben:
In vielen Dörfern Usedoms wurden die alten Gutshöfe im Fachwerkstil zu stimmungsvollen Unterkünften umgebaut, wie hier in Neuendorf auf der Halbinsel Gnitz.

Links:
Die Geschichte der Marienkirche von Netzelkow reicht bis ins 13. Jahrhundert zurück. Ihr heutiges Aussehen stammt aus dem 15. Jahrhundert.

Ziemitz
Woge
Ziemitz
B-KG 306

Linke Seite:
Der Naturhafen von Ziemitz markiert die südlichste Spitze der Halbinsel Wolgaster Ort und ist die letzte Anlegestelle vor Wolgast, das sich ein paar Kilometer nördlich befindet.

Der kleine Hafen von Krummin ist eine der wenigen Anlegestellen im ruhigen Krumminer Wiek. Das beschauliche Dorf ist einer der geschichtsträchtigsten Orte auf Usedom.

Weite Rapsfelder prägen im Frühjahr große Flächen der Halbinsel Wolgaster Ort, wie hier beim Dorf Sauzin.

Oben:
Die reetgedeckten Häuser von Krummin in der Dorfstraße sind echte Hingucker und machen den Reiz des Ortsbildes aus.

Rechts:
Im Gegensatz zu den anderen Gewässern auf und um Usedom ist das Krumminer Wiek ein eher stilles Wasser. Der schmale Schilfgürtel am Nordwestufer ist ein idealer Brutplatz für Wasservögel.

Keimzelle von Krummin war ein 1304 gegründetes Zisterzienserkloster. Vom Kloster ist allerdings nur noch die Kirche Sankt Michael erhalten geblieben. Das Konventsgebäude wurde im Dreißigjährigen Krieg völlig zerstört.

Geheime Kommandosache

Raketen, Abschussrampen, Montagehallen – die Geschichte von Peenemünde ist noch allgegenwärtig auf Schritt und Tritt auf dem Gelände der HVA, der Heeresversuchsanstalt Peenemünde. In der Versuchsanstalt wurde in den 1930- und 1940er-Jahren an der Entwicklung und am Bau von Fernraketen gearbeitet. Die Raketenforschung für militärische Zwecke wurde in Deutschland bereits in den 1920er-Jahren eingeleitet. Doch der Vertrag von Versailles schränkte den Bau von Fernraketen stark ein. In der damaligen Versuchsanstalt Kummersdorf südlich von Berlin war das Testgelände viel zu klein für den Start von großen Raketen. Nach längerer Suche wurde schließlich mit dem abgelegenen und dünn besiedelten Nordzipfel Usedoms der geeignete Ort für eine Rüstungsanlage gefunden. Unter strengster Geheimhaltung wurde Mitte der 1930er-Jahre die Heeresversuchsanstalt aus dem Boden gestampft. Rund drei Viertel der Häuser in und rund um Peenemünde wurden abgerissen. Für die Infrastruktur wurden Häfen, ein Schienen- und Straßennetz angelegt. Ein Kraftwerk lieferte die notwendige Energie, in riesigen Montagehallen wurden die Teile zusammengebaut und im Sauerstoffwerk wurde der für den Antrieb der Raketen benötigte Flüssigsauerstoff aus der Luft gewonnen.

Vater der Raumfahrt

Jahrzehntelang war der Nordzipfel Usedoms eine Verschlusssache der deutschen Wehrmacht. Projektleiter in der Versuchsanstalt war Major Walter Dornberger. Die technische Leitung hatte Wernher von Braun, unter dessen Leitung die erste Rakete mit dem Namen A4 (Aggregat 4) entwickelt und getestet wurde. Während der NS-Diktatur erhielt die Rakete den Namen V2, Vergeltungswaffe 2. Im Oktober 1942 startete in Peenemünde die erste von Menschen entwickelte, ballistische Rakete, die bis an die Grenze der Erdatmosphäre gelangte. Peenemünde wird deshalb auch als die „Wiege der Weltraumfahrt" bezeichnet, Wernher von Braun als „Vater der Raumfahrt". Gegen Ende der 1930er-Jahre und am Anfang der 1940er-Jahre wurde die Anlage erweitert. 1943 wurde ein KZ-Außenlager angelegt, in dem Kriegsgefangene und Häftlinge von anderen KZ-Lagern als Zwangsarbeiter untergebracht waren. Zu dieser „Belegschaft" wurden noch Arbeiter aus Polen und der Ukraine eingesetzt sowie Vertragsarbeiter aus den Niederlanden, Italien, Frankreich und Tschechien.

Das Ende der HVA

Dass die Tätigkeit der deutschen Wehrmacht trotz strengster Geheimhaltung nicht unerkannt blieb, war nur eine Frage der Zeit. Bereits 1939 wurden die Briten auf die Rüstungsanlage aufmerksam, doch wurde damals noch kein Versuch unternommen, die Entwicklung zu verhindern. Erst vier Jahre später wurde die Operation Hydra von den Briten ins Leben gerufen, mit der man versuchte, die Anlage zu zerstören. Im August 1943 kam es zum ersten großen Luftangriff durch die Briten. In aller Eile wurden die Produktionsstätten in unterirdische Lager im Harz verschafft. Februar 1945 wurde schließlich das gesamte Gelände geräumt. Danach übernahm es das sowjetische Militär und machte einen Marine- und Luftwaffenstützpunkt daraus. Im Jahr 1952 übergaben die Sowjets ihren Stützpunkt der Nationalen Volksarmee der DDR, die ihn als Marinestützpunkt nutzte. Bis zum Fall der Mauer war der gesamte Nordwestzipfel Usedoms militärisches Sperrgebiet.

Heute wird im Kraftwerk, eines der letzten gut erhaltenen Gebäude der Anlage, und im angebauten Schalthaus die Geschichte der deutschen Raketenentwicklung dargestellt. Ein gläserner Aufzug führt auf das Dach des Kraftwerkes zu einer Aussichtsplattform in 30 Meter Höhe, von der aus sich ein guter Blick über die Anlage bietet. Dabei bekommt man eine Vorstellung von den einstigen Dimensionen der Heeresversuchsanstalt. Im Freigelände steht unter anderem der Nachbau einer Abschussrampe, eine Eisenbahngarnitur und die „Wunderwaffe", die V2-Rakete, ragt senkrecht gen Himmel.

Links: Am Eingang des Kraftwerkes der Heeresversuchsanstalt Peenemünde gibt es zunächst einen Orientierungsplan für das gesamte Bauwerk und die darin befindlichen Ausstellungen.

Oben: Das flache Dach des ehemaligen Kraftwerkes wurde mit Laufstegen und einer Aussichtsplattform versehen, von der aus sich fast die gesamte Anlage gut überblicken lässt.

Kleine Bilder rechts, von oben nach unten: *Das Kraftwerk, als einziges Gebäude vollständig erhalten, beherbergt heute die permanenten Ausstellungen des Technischen Museums Peenemünde.*

Die Ausstellung im Erdgeschoss des Kraftwerkes zeigt auf informativen Tafeln die Entstehung der Heeresversuchsanstalt von der Planung über den Bau bis hin zur Nutzung der Anlage.

Ein Teil der Schaltanlage im sogenannten Schalthausanbau des Kraftwerkes wurde im Originalzustand belassen.

In der Wand mit Aktenordnern geben die in Endlosschleife laufenden Filme einen interessanten Einblick in den Alltag der Heeresversuchsanstalt.

HAFEN
BAR

Der Peenemünder Hafen war einst ein wichtiger Bestandteil in der Infrastruktur der Heeresversuchsanstalt. Heute ankern hier das ehemalige russische Schiff Beimler und das U-Boot 461, die man beide besichtigen kann.

Seite 108/109:
Im Naturschutzgebiet Peenemünder Haken im Norden Usedoms darf man nicht überall spazieren gehen. Weite Teile sind noch absolutes Sperrgebiet.

Ausflug aufs Festland – unterwegs in Ostvorpommern

Blick von der drehbaren Brücke am Museumshafen auf den modernen Segel- und Jachthafen an dem Fluss Ryck in Greifswald.

Vor den Toren der Insel Usedom, auf dem Festland von Ostvorpommern gibt es einiges zu entdecken. Das Tor zur Insel bildet das Kleinstädtchen Wolgast. Highlights sind das mittelalterliche Rathaus am Marktplatz, die Kirche Sankt Petri, das Rungehaus und die Kapelle Sankt Gertrud. Sankt Petri dominiert weithin sichtbar die Altstadt. Vom Kirchturm aus bietet sich ein herrlicher Panoramablick über die Stadt und den Norden Usedoms.
Nördlich von Wolgast liegt die Hansestadt Greifswald. Auf einem Streifzug durch die Gassen der Altstadt begegnet man vielen Zeugen der Vergangenheit: dem Dom Sankt Nikolai und der Marienkirche, Teil der Europäischen Route der Backsteingotik, dem schönen Marktplatz mit dem Rathaus oder dem Museumshafen am Stadtrand. Greifswald ist aber vor allem mit Caspar David Friedrich verbunden. Der Maler wurde hier geboren und fand im Umland Inspirationen für seine romantischen Bilder. Ein Besuch des Caspar-David-Friedrich-Zentrums und eine Wanderung auf dem ausgeschilderten Bilderweg sind ein Muss. Auch das Pommersche Landesmuseum ist einen Besuch wert.
Südlich von Wolgast geht es durch den Lassaner Winkel, einem sehr reizvollen, ruhigen Landstrich zwischen Achterwasser und dem Unteren Peenetal mit Bauerndörfern, Schlössern und Herrenhäusern. Mittelpunkt der Region ist das Hafenstädtchen Lassan, das mit seiner historischen Altstadt überrascht. In Anklam lockt das Otto-Lilienthal-Museum. Ueckermünde schließlich wartet mit einer kleinen feinen Altstadt rund um den gemütlichen Marktplatz auf. Der Hafenturm ermöglicht einen wunderschönen Blick auf die Stadt, am besten aber lässt sie sich von der Promenade am Wasser aus genießen. Denn vor allem die Lage am Stettiner Haff macht ihren Reiz aus.

Oben:
Im Zentrum von Wolgast befinden sich noch einige Fachwerkhäuser, die einen guten Eindruck vom einstigen Gesamtbild des Kerns der ehemaligen Residenzstadt vermitteln. Überragt werden sie vom Turm der Sankt-Petri-Kirche.

Rechts:
Die Gruft der Herzöge von Pommern-Wolgast in der Sankt-Petri-Kirche in Wolgast kann man während der Öffnungszeiten der Kirche besichtigen. Sie ist eine Grablege für die pommerschen Greifenherzöge.

Oben:
Vor dem mittelalterlichen, weiß getünchten Rathaus in Wolgast findet wöchentlich ein Markt statt, bei dem regionale Produkte direkt vom Erzeuger angeboten werden.

Links:
Blick vom Stadtgeschichtlichen Museum am Rathausplatz in Wolgast auf die monumentale Sankt-Petri-Kirche, die die historische Altstadt beherrscht.

Unten:
Besonders auffällig im Museumshafen von Wolgast ist der alte Speicher, in dem sich heute ein Restaurant und ein Hotel befinden.

Seite 116/117:
Von der Turmgalerie der Wolgaster Sankt-Petri-Kirche aus bietet sich ein traumhafter 360-Grad-Panoramablick auf die Stadt, den Peenestrom und weite Teile des Usedomer Nordens.

Rechts oben:
In diesem eher unscheinbaren Haus in der Kronwiekstraße in Wolgast wuchs der Maler Philipp Otto Runge auf, der neben Caspar David Friedrich aus Greifswald zu den bedeutendsten Künstlern der Frühromantik gezählt wird.

Rechts Mitte:
Alte Kaffeemühlen zieren einen Teil des Eingangsbereiches des Wolgaster Stadtmuseums, auch als Museum „Kaffeemühle" bekannt. Den Namen hat das Museum allerdings wegen seiner äußerlichen Ähnlichkeit mit einer Kaffeemühle bekommen.

Rechts unten:
Ohne die Wolgaster Brücke, die Usedom mit dem Festland Vorpommerns verbindet, wäre die Anreise auf die Urlaubsinsel wahrscheinlich mit langen Wartezeiten verbunden.

Rechts:
Schon bald nach der Wende wurde das historische Rathaus in Greifswald wieder im einstigen Glanz hergestellt. Mit der dunkelroten Farbe wurde das ehemalige, einheitliche „DDR-Grau" kurzerhand übermalt.

Unten:
In den architektonisch interessanten Gebäuden am Greifswalder Marktplatz haben sich ein Brauereigasthof und ein Kaffeehaus etabliert. Beide haben gemütliche Außensitzplätze, die zum Verweilen einladen.

Oben:
Auch andere Gebäudefassaden in Greifswald, vor allem am und um den Marktplatz, haben mit neuen Anstrichen ein buntes Aussehen erhalten.

Links:
Etwa Mitte des 13. Jahrhunderts wurde mit dem Bau des Greifswalder Doms Sankt Nikolai begonnen. Zunächst entstand eine Hallenkirche, die im 14. Jahrhundert vergrößert wurde.

Oben:
Im Museumshafen von Greifswald liegen viele gut erhaltene historische Boote vor Anker, die allerdings nur von außen zu besichtigen sind.

Rechts:
Holländische Klappbrücken standen Modell für die Wiecker Brücke, die 1887 in dem Greifswalder Ortsteil erbaut wurde und ein beliebtes Motiv bei Malern und Fotografen war und ist.

Links:
Die Greifswalder Universität, einst Ernst-Moritz-Arndt-Universität, wurde bereits 1456 gegründet und zählt damit zu den ältesten Universitäten Europas. Das Angebot an Studienfächern ist groß, vor allem im Bereich der Sprachen.

Ganz links:
Die Klosterruine Eldena war eines der beliebtesten Motive von Caspar David Friedrich. Heute ist sie Veranstaltungsort der Vorpommerschen Landesbühne.

Links:
Von dem Greifswalder Caspar-David-Friedrich-Zentrum aus, das vor etwa 20 Jahren im Geburtshaus des Künstlers entstand, kann man per Rundgang auf den Spuren des berühmten Malers spazieren.

Links:
Auf dem Caspar-David-Friedrich-Bildweg kommt man unter anderem am Pommerschen Landesmuseum vorbei, in dem viele Werke des Künstlers hängen. Aber auch architektonisch ist das Museum interessant.

Ronja

Das Untere Peenetal ist eine Oase der Ruhe in Vorpommern. Circa 1500 Hektar sind unter Naturschutz gestellt. Das Peenetal eignet sich gut, um mal ein paar Tage auszuspannen. Am besten geht das mit einem klassischen Hausboot oder einem Floßhausboot. Man muss auch nicht immer in einem Stadthafen anlegen. Unterwegs gibt es genügend sogenannte Wasserwanderrastplätze (kurz WWRP), die auch Anlegemöglichkeiten für größere Boote und teilweise sanitäre Anlagen bieten. Angenehm ruhig und in bezaubernder Lage: der WWRP bei Stolpe (links), jener beim Sophienhof (unten) und der von Alt Plestin (ganz unten).

775
STADT
LOITZ

Linke Seite:
Das Untere Peenetal hat aber nicht nur Natur zu bieten. Loitz lohnt sich für einen Stopp. Man sieht der Kleinstadt nicht auf den ersten Blick an, dass sie bereits 800 Jahre alt ist. Erst im mittelalterlichen Kern offenbart sich die Geschichte.

Der Stolper Fährkrug beim Wasserwanderrastplatz Stolpe ist eine der beliebtesten Gaststätten der Region. Und nach dem Essen kann man sich noch die Füße vertreten: das Stolper Zentrum ist nicht weit entfernt.

Egal wie man Loitz erreicht, ob mit dem Boot, dem Auto oder öffentlichen Verkehrsmitteln, den Stadthafen sollte man besuchen. In dem dortigen, ehemaligen Wasserbahnhof Loitz befindet sich heute eine der besten kulinarischen Adressen der Kleinstadt.

Zentrum und Namensgeber des Lassaner Winkels ist das rund 1500 Einwohner zählende Lassan auf halbem Weg zwischen Wolgast und Anklam. Das Dorf hat so einige interessante Bauwerke zu bieten – wie die farbenfrohen, schön renovierten Ackerbürgerhäuser; kein Architekturstil, sondern eine Bezeichnung, die von den Bewohnern abgeleitet wurde: Stadt- oder Gemeindebürger, die ausschließlich von den Erträgen ihrer Äcker lebten.

Oben:
Der einstige Stammsitz der Familie Buggenhagen, das gleichnamige Schloss, stammt in seinem Ursprung aus der Mitte des 18. Jahrhunderts und wurde 1840 umgebaut. Heute ist es als Museum Till Richter bekannt, in dem zeitgenössische Talente die Chance bekommen, ihre Werke zu präsentieren.

Links:
Von den Alleen in Vorpommern ist eine schöner als die andere und diese Allee, die Lindenallee von Bauer-Wehrland beim Gutshof Alt Bauer, steht zudem wegen ihrer Besonderheit unter Schutz.

Oben:
Anklams Herz: der Marktplatz mit dem historischen Rathaus. Einst Handelsplatz ist er heute sozialer Treffpunkt und „Geschichtsbuch“ zugleich mit den im Boden angebrachten sogenannten Jahrhundertbändern, die durch die Stadtgeschichte führen.

Rechts und ganz rechts:
Die gotische Nikolaikirche in Anklam mit ihrem circa 45 Meter hohen, wuchtigen Glockenturm. Die Kirche wurde 1945 weitgehend zerstört, später begann man mit dem Wiederaufbau und 2004 wurde sie schließlich entwidmet. In dem noch nicht vollständig rekonstruierten Gebäude finden nun wechselnde Ausstellungen statt, wie hier zu Ehren des Flugpioniers Otto Lilienthal.

Ganz links:
Das 32 Meter hohe Steintor ist ein schönes Beispiel der Backsteingotik und bildete ab der Mitte des 13. Jahrhunderts den Zugang zur Hansestadt Anklam. Insgesamt gab es sechs Stadttore, die bis auf das Steintor mittlerweile verschwunden sind. In seinen Räumen wurde das stadtgeschichtliche Museum untergebracht.

Links:
Von dem Steintor hat man einen freien Blick auf die Stadt – hier durch die Steinstraße Richtung Westen auf den über 60 Meter hohen Turm der Marienkirche.

Der Traum vom Fliegen

Wie ein Vogel abzuheben, durch die Luft zu gleiten und die Landschaft aus einer anderen Perspektive zu betrachten, das ist ein alter Traum der Menschheit. Wer kennt nicht den Mythos des griechischen Gottes Ikarus? Otto Lilienthal (Anklam, 23. Mai 1848 – Berlin, 9. August 1896) verwirklichte diesen Traum. Er gilt als der erste erfolgreiche Flieger der Menschheit und mit seinen technischen Kenntnissen als Pionier der Flugindustrie. Lilienthal führte geschätzte 2000 Flüge durch und baute insgesamt 21 Fluggeräte, von denen eines, ein leichtes Gleitflugzeug, kurz vor seinem Tod schließlich in Produktion ging.
Die Liebe zur Technik hatte Otto höchstwahrscheinlich von seinem Vater geerbt. Die Leidenschaft fürs Fliegen wurde schon in seiner Jugend von seinem Gymnasiallehrer, dem Astronom Gustav Spörer, geweckt. Denn Flugexperimente standen bereits in Spörers Unterrichtsstunden auf dem Lehrplan. Nach dem Gymnasium in Anklam folgte die Potsdamer Gewerbeschule. Danach machte er ein Praktikum in der Berliner Maschinenfabrik Schwartzkopff, wo er Erfahrungen mit Maschinenbautechnik sammeln konnte. Als Neunzehnjähriger baute und experimentierte er zusammen mit seinem Bruder Gustav an den ersten Geräten zur Erzeugung von Auftrieb durch Flügelschlag und beobachtete dabei die Flugtechniken der Vögel. Gleichzeitig begann Lilienthal ein Studium an der Gewerbeakademie in Berlin, aus der später die Technische Universität Berlin hervorging.

Erste Flüge

Die Leidenschaft fürs Fliegen, die Versuche und die experimentellen Fluggeräte waren mit sehr hohen Kosten verbunden. Lilienthal versuchte deshalb, sich nach seinem Studium zusammen mit seinem Bruder selbstständig zu machen, um mit dem Einkommen seinen Traum vom Fliegen weiterverfolgen zu können. Der Anfang war schwer. Jede Erfindung, die sie mit Blick auf die Zukunft sofort als Patent anmeldeten, scheiterte. Erst als Otto bereits über 30 Jahre alt war, erreichte er eine gewisse finanzielle Unabhängigkeit dank des Patents auf einen Dampfkessel, der einen Kleinmotor antrieb und ab 1883 in der eigenen Fabrik gefertigt wurde. Anerkennung und ein bescheidener Erfolg kamen sechs Jahre später mit seinem ersten Buch „Der Vogelflug als Grundlage der Fliegekunst". Die Theorie wurde in die Praxis umgesetzt und Lilienthal begann mit den ersten Flugversuchen. Verschiedene Hügel und Sandgruben in und um Berlin dienten als Startplatz. Otto, der Perfektionist, ließ sogar seinen eigenen Hügel errichten, um ungehindert seine Flugversuche durchführen zu können. Dieser künstliche Berg, auch als Lilienthal-Berg oder Fliegeberg bekannt, ist im Berliner Lilienthalpark heute noch erhalten. Auf dem „Gipfel" erhebt sich ein Denkmal des tollkühnen Fliegers. Mit seinem Fluggerät auf den Schultern nahm Lilienthal einen kurzen Anlauf auf dem Berg und glitt so wie heute etwa ein Drachenflieger den aufgeschütteten Hügel hinab. Mit den Gleitflügen erreichte der Luftfahrtpionier Distanzen von bis zu 250 Metern – jedes Mal ein großes Spektakel, das viele Schaulustige anzog.

Abruptes Ende

Mit seinen genauen Berechnungen und praktischen Kenntnissen legte Lilienthal unter anderem den Grundstein für die bis heute gültige physikalische Beschreibung der Tragflächen. Und er inspirierte auch alle nachfolgenden Luftfahrtpioniere wie etwa die Gebrüder Wright. Am 9. August 1896 kam das abrupte Ende des passionierten Fliegers: Lilienthal stürzte bei einem Flugversuch bei Stölln am Gollenberg aus etwa 15 Metern Höhe ab und erlitt dabei eine Fraktur des 3. Halswirbels. Hinzu kam aller Wahrscheinlichkeit nach auch eine Gehirnblutung, die als eigentliche Todesursache angenommen wurde. Lilienthal wurde nach dem Absturz in die Berliner Universitätsklinik gebracht, in der er einen Tag später verstarb. Vom Unglücksflugzeug gibt es nur noch Fotos. Otto Lilienthal wurde auf dem Berliner Friedhof Lankwitz begraben. Sein Erbe wird unter anderem in dem nach ihm benannten Museum in Anklam bewahrt.

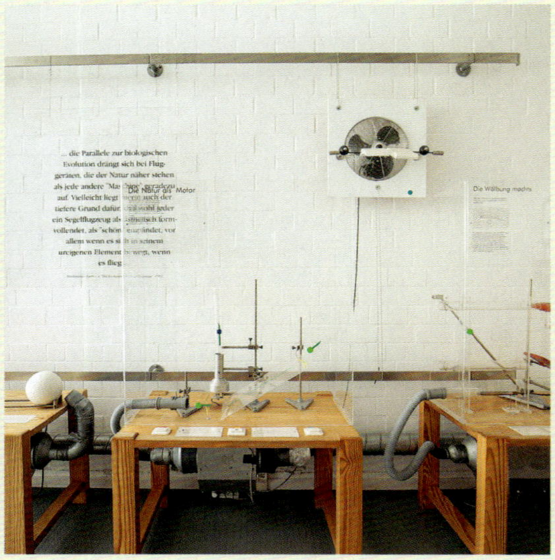

Links:
An interaktiven Plätzen im Otto-Lilienthal-Museum können Kinder, aber auch Erwachsene mit einfachen Experimenten nachvollziehen „wie schwierig es war, das Fliegen zu erfinden", so die Worte des Pioniers.

Oben:
Im Otto-Lilienthal-Museum in Anklam hängen zahlreiche Flugmodelle in allen Größen und Formen. An den Wänden gibt es Informationen zu den einzelnen Modellen samt Skizzen und Entwürfen.

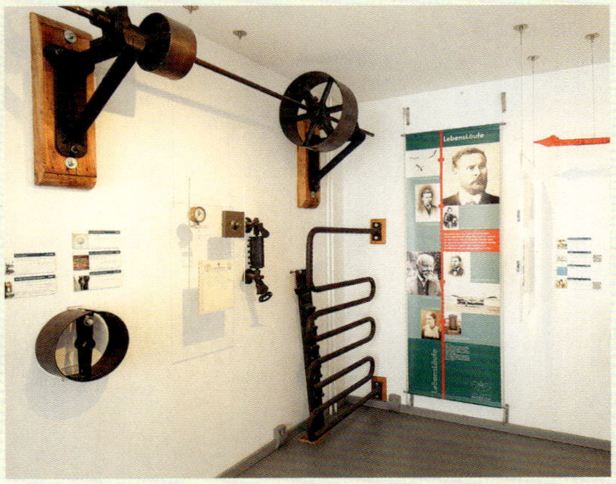

Kleine Bilder rechts, von oben nach unten: *Fast alle Flugmodelle im Museum sind fein säuberlich nummeriert: Nr. 1 zeigt zum Beispiel das Modell Möwe von 1889, Nr. 6 ist der Große Eindecker (1893), Nr. 7 das Sturmflügelmodell (1894), Nr. 8 das Modell Stölln (1894), Nr. 11 der kleine Doppeldecker (1895) und Nr. 15 ist ein Gelenkflügelapparat (1886).*

Das Museum ist in einem schlichten Haus an der Ellbogenstraße in Anklam untergebracht.

In einer Ecke des Museums werden die Lebenswege des Flugpioniers und seiner Familie vorgestellt sowie die einzig erhaltene Dampfmaschine, die Lilienthal erfand.

Oben:
An dem großzügig angelegten Marktplatz von Ueckermünde reihen sich Häuser aus verschiedenen Jahrhunderten aneinander. Die Fischerfigur und die Cafés sind beliebte Treffpunkte.

Rechts:
Neben den Backsteinbauten dominieren auch Fachwerkhäuser die Straßen der Dörfer und Orte im Osten Deutschlands – so auch in Ueckermünde.

Oben:
Unermüdlich und bei jedem Wetter begrüßt die bronzene Statue des „Fidel-Schultz“ die Boote im Stadthafen von Ueckermünde. Die Vorlage zu dem Denkmal von Christian Paschold bildete der Ueckermünder Walter Schultz.

Links:
Das Stettiner Haff eignet sich an vielen Stellen für diverse Wassersportarten. Bei Wind flitzen die Surfer über das Haff, bei ruhigem Wasser kommen die Stand-up-Paddler auf ihre Kosten.

Register

Greifswalder Oie
Greifswalder Bodden
Ruden
O s t s e e
Freesendorfer Haken
Peenemünder Haken
Struck
Spandowerhagener Wiek
Kölpiensee
Spandowerhagen
Historisch-Technisches Museum
Spielzeugmuseum
PEENEMÜNDE
Phänomenta
Freest
Maritim-museum U461
Cämmerer See
KRÖSLIN
Großer Wotig
KARLSHAGEN
Hollendorf
Großer Rohrplan
U S E D O M
Trassenmoor
Trassenheide
Schmetterlingsfarm
ZINNOWITZ
Seebrücke
Rohrplan
Peenestrom
Mölschow
ZEMPIN
Zecherin
Dinopark
Atelier Otto Niemeyer-Holstein
Tannenkamp
Bannemin
Damerow
Schlossinsel
Mahlzow
Störlanke
Rieck
Seebrücke
WOLGAST
Wolgaster Fähre
Gazberge 26 m
Streckelsberg 56 m
Katzow
Museum Kaffeemühle
Krummin
KOSEROW
Wolgaster Ort
Neeberg
Kölpinsee
Neuendorf
Kölpinsee
Hohendorf
Sauzin
Stubbenfelde
Gnitz
Krumminer Wiek
Görmitz
Loddin
Netzelkow
Twelen
Insel Görmitz
Tannenberg 22 m
St. Marien
Ziemitz
Museum für Chinesische Kultur
ÜCKERITZ
Lütow
Großsteingrab
Wocknin-see
Weißer Berg 32 m
Achterwasser
Stagnieß
Möwenort
Peenestrom
Grüssower Ort
Hohensee
Langer Berg 54 m
Warthe
Lieper Winkel
Seebrücke
Wehrland
Wischenpeen
Reestow
Grüssow
Platter Berg 54 m
BANSIN
Zemitz
Tropenzoo
Liepe
Pudagla
Schmollensee
Museum Villa Irmgard
Halbinsel Gnitz
Bockwindmühle
Großer Krebssee
HERINGSDORF
Quilitz
Lassaner Bucht
Sellin
Neu-Sallenthin
Seebrücke
Gullivers Welt
Viktoriahöhe 55 m
LASSAN
Krienker See
Stoben
Alt-
Naturerlebniswelt
St. Johannis
Rankwitz
Dewichow
Balmer See
Kleiner Krebssee
Präsidentenberg 46 m
Gothen
Seebrücke
Balm
Benz
AHLBECK
Neppermin
Holländermühle
Kückelsberg 58 m
Reetzow
Zirowberg 60 m
Sandskulpturen
Krienke
Morgenitz
Wasserschloss
Buggenhagen
Mellenthin
Gothensee
Labömitz
Korswandt
Till-Richter-Museum
Neunzehn Kirchenberg 50 m
Suckow
Ulrichshorst
Wolgastsee
ŚWINOUJŚCIE (SWINEMÜNDE)
Murchin
Katschow
Kachliner See
Thurbruch
Mellenthiner Heide
Zerninsee-Senke
Moderortrinne
Peenestrom
Kachlin
Wisentgehege
DDR-Museum
Zirchow
Ziethen
Dargen
Görke
Golm 69 m
Kutzow
Garz
POLEN
Prätenow
USEDOM
Bossin
Paske
Neverow
Voßberg
Gummlin
Kamminke
Peene
Peenetalmoor
Stolpe
Schloss
Usedomer Winkel
Gneventhin
Gellenthin
Nikolai-Kirche
Zecherin
Otto-Lilienthal-Museum
Usedomer See
Welzin
Steintor
Kölpin
West-
ANKLAM
Karnin
-Klüne
Ost-
Anklamer Fähre
Der Strom
Kamp
Mönchow
Borkenhaken
Stettiner Haff
Neu Kosenow
Leopoldshagen
5 km

Usedoms Transportmittel Nummer eins, das Fahrrad, wird auch schon mal zweckentfremdet.

Impressum

Buchgestaltung
Matthias Kneusslin
www.hoyerdesign.de

Karte
Fischer Kartografie, Aichach

Printed in Italy
Repro: Artilitho snc, Lavis-Trento, Italien
www.artilitho.com

Druck und Verarbeitung:
Grafiche Stella srl, Verona, Italien
www.grafichestella.it

ISBN 978-3-8003-4330-0

Danksagung
Die Autorin Linda O'Bryan und Hans Zaglitsch, der Fotograf und Mitautor dieses Bildbandes, bedanken sich recht herzlich bei allen Personen und Institutionen für ihre freundliche Unterstützung, insbesondere bei der Usedom Tourismus GmbH, den Museen und privaten Einrichtungen für die freundliche Genehmigung zum Fotografieren und beim Medienbüro Krüger & Schindler für die Bereitstellung von Bildmaterial über das Vineta-Festival.

Bildnachweis
Alle Bilder von Hans Zaglitsch mit Ausnahme von S. 70 großes Bild: © Vorpommersche Landesbühne, Fotograf Thomas Häntzschel

Unser gesamtes Programm finden Sie unter:
www.verlagshaus.com